ADAC Reiseführer

Hongkong

und Macau

von Elisabeth Schnurrer

Intro

Unterwegs

Macau – christliche Kirchen und chinesische Tempel 91

1 Tag in Hongkong / 1 Wochenende in Hongkong und Macau 143

Hongkong Kaleidoskop

Karten und Pläne

☐ Service

Leserforum

Die Meinung unserer Leserinnen und Leser ist wichtig, daher freuen wir uns von Ihnen zu hören. Wenn Ihnen dieser Reiseführer gefällt, wenn Sie Hinweise zu den Inhalten haben – Ergänzungs- und Verbesserungsvorschläge, Tipps und Korrekturen – dann schreiben Sie uns bitte:

Redaktion ADAC Reiseführer
ADAC Verlag GmbH
81365 München
verlag@adac.de
www.adac.de/reisefuehrer

Hongkong und Macau Impressionen

Drache und Kreuz am Südchinesischen Meer

Jedes Jahr besuchen bis zu 15 Mio. Reisende Hongkong und Macau, die beiden einstigen europäischen Enklaven und heutigen **Sonderwirtschaftszonen** der Volksrepublik China am Südchinesischen Meer. Es erwarten sie einzigartige Großstädte mit glitzernden Hochhauspalästen und ehrwürdigen Tempeln, weitläufigen Einkaufsparadiesen und exotischen Märkten. Als Nahtstelle zwischen Ost und West entwickelte sich Hongkong, die frühere britische Kronkolonie am Perlfluss, bereits Anfang des 20. Jh. zu einem internationalen Finanzzentrum. Im bedeutend kleineren Handelsplatz Macau vereinen sich chinesische Geschäftigkeit und Langmut mit der stolzen Gelassenheit der Portugiesen, die die Geschicke dieser Halbinsel beinahe 500 Jahre lang mitprägten.

›Make Money‹ in Hongkong

Hongkong präsentiert sich Besuchern auf den ersten Blick als gigantische Architekturkulisse, ein verwirrender Riesenap-

Rechts: *Kräuterkundiger Pillendreher – traditioneller Apotheker in Hongkong*
Unten: *Nächtliches ›Hochhausglühen‹ – Hong Kong Island von Tsim Sha Tsui aus*
Rechts oben: *Wald im Miniformat – Reihen von teils sehr alten Bonsaibäumen in einem Hof des Kun Iam Tong Temple in Macau*

parat aus Banken, Einkaufszentren und Dienstleistungsbetrieben. In der Stadt leben bald 8 Mio. Menschen, und alle – vom Zeitungsjungen bis zum Börsen- und Immobilienmakler – wollen Geschäfte machen. Schneller noch als in anderen Metropolen der Welt scheint in Hongkong das Leben zu pulsieren, der Rhythmus in den Straßen ist aufreibend und mitreißend zugleich. Wohl keiner hätte diese rasante Entwicklung voraussehen können, als die Briten 1841 auf dem felsigen Eiland mit dem verkehrsgünstigen Tiefseehafen vor der Mündung des Perlflusses Fuß fassten. Die einzige größere Ansiedlung war damals das im Süden von Hong Kong Island gelegene Fischerdorf *Heung Kong Tsai*, ›Kleiner Dufthafen‹.

Facettenreiche Metropole

Die atemberaubende Skyline von **Hong Kong Island** gehört zu den berühmtesten Stadtansichten der Welt. Hier ragen chromblitzende Bankenpaläste und aufwendige Repräsentationsbauten internationaler Konzerne in den Himmel, hier stehen Meisterwerke der modernen Architekturgeschichte wie der 368 m hohe *Bank of China Tower*, das 374 m hohe *Central Plaza* und das 415 m hohe *Two International Finance Centre (2 IFC)*. Aus der Zeit, als sich die ersten Engländer hier

niedergelassen hatten, sind dagegen nur noch wenige Zeugnisse erhalten. Zwischen all den Hochhausriesen gehen Kolonialbauten wie die 1847–49 errichtete *St. John's Cathedral* oder das *Government's House* von 1855 fast ein wenig unter. Auch damals schon, Mitte des 19. h., unternahm man gern einen Ausflug auf den **Victoria Peak**. Daran hat sich bis heute nichts geändert, denn bei klarem Wetter bietet die mit 554 m höchste Erhebung von Hong Kong Island einen einzigartigen Blick über die Stadt und ihren Hafen.

Zum Greifen nah erscheint aus dieser luftigen Höhe das gegenüber liegende Festland mit der Halbinsel **Kowloon**, deren südlichen Teil Touristen als Einkaufsparadies kennen und lieben. An der *Nathan Road*, die sich auf einer Länge von mehreren Kilometern durch Kowloon nach Norden zieht, liegen dicht an dicht Dependancen aller namhaften internationalen Marken, bieten weltbe-

kannte Modedesigner neben einheimischen Juwelieren ihre Waren an, werben indische Schneider um Kundschaft, drängen sich hungrige Geschäftsleute in Restaurants oder um kleine Garküchen. Während sich im hafennahen Stadtviertel **Tsim Sha Tsui** die Nobelläden und schicken Einkaufspassagen angesiedelt haben, findet man weiter nördlich in den Seitenstraßen von **Yau Ma Tei** und **Mong Kok** die traditionellen Alltags- und Nachtmärkte wie *Jade Market*, *Bird Market* oder *Ladies' Market*. Hier werden Stadtbild und Atmosphäre chinesischer, Geschäftsauslagen exotischer, Gerüche vielfältiger und Aushängeschilder für westliche Besucher unlesbarer.

Überraschend ländlich geht es in den grünen Hügeln von Hongkongs Hinterland zu. Zwar wachsen auch hier, in den **New Territories**, Satellitenstädte wie Tuen Mun oder Tsuen Wan mit gesichtslosen Wohntürmen in den Himmel. Doch

Oben: *Philippinischer Tag: Kowloon Ferry Pier mit Blick auf Hong Kong Island*
Links Mitte: *Schrein im Kloster der 10 000 Buddhas in Sha Tin*
Links unten: *Sommerfrische an der Repulse Bay im Süden von Hong Kong Island*
Unten: *Auf Wasser gebaut – Pfahlhäuser in Tai O auf der Insel Lantau*

gleich daneben findet man weite Waldgebiete und ruhige Seen. Auch das goldglänzende *Monastery of the Ten Thousand Buddhas* in Sha Tin oder der volkstümliche Markt von Tai O lohnen einen Besuch.

In geradezu beschaulichen Bahnen verläuft das Leben auf den der Metropole vorgelagerten Inseln, den **Outlying Islands**. Auf *Lantau Island,* im abgeschiedenen Po Lin Kloster, fasziniert die riesige Statue des *Tian Tan Buddha*. Profaner geht es auf *Lamma Island* zu, wo man an der Uferpromenade hervorragend frischen Fisch oder Krabben essen kann. Die Nachbarinsel *Cheung Chau* ist für ihre Sandstrände bekannt, die trotz unmittelbarer Nähe zur Millionenstadt Hongkong das Gefühl von Sommerfrische aufkommen lassen.

Macaus portugiesisches Erbe

Wer Ruhe vor dem Hongkonger Trubel sucht und trotzdem munteres Geschäftsleben und **asiatisch-europäisches Flair** nicht missen möchte, sollte Macau einen Besuch abstatten. Die einstige portugiesische Kolonie liegt etwa eine halbe Fährstunde von Hongkong entfernt auf der westlichen Seite des weiten Perlflussdeltas. Besonders ansprechend ist Macaus historische **Altstadt**, die seit 2005 zum UNESCO-Weltkulturerbe zählt Der zentrale Platz *Largo do Senado* ist von prächtigen Kolonialbauten gesäumt, wie z. B. dem *Leal Senado* aus dem 18. Jh. und der Barockkirche *São Domingos* aus dem 17. Jh. Architektonisches Glanzlicht der kolonialen Vergangenheit ist die Anfang des 17. Jh. errichtete Kirche *São Paulo*, von der nach einem Brand 1835 allerdings nur noch die herrliche Fassade erhalten blieb.

Freizeitvergnügen in Macau

Oft hört man, Macau sei gewissermaßen Hongkong *en miniature*. Zwar bieten auch hier noble Boutiquen und schicke Geschäfte alles an, was gut und teuer ist, von Luxusuhren bis zu Designerkleidung. Doch sind die Preise vergleichsweise günstiger, vor allem wenn man die Konsumartikel auf einem der zahlreichen Straßenmärkte kauft – schließlich bezie-

hen diese **Händler** ihre Ware meist direkt aus den Herstellerbetrieben im nahen ›Mainland‹ China, der eigentlichen Volksrepublik.

Neben dem regen Handel bringt vor allem das **Glücksspiel** Geld in die städtischen Kassen. Anders als im restlichen China sind Roulette, Baccarat oder Rennwetten in Macau legal, eine Tatsache, die den Namen der Stadt in aller Welt berühmt gemacht hat. Auch **Naturfreunde** kommen in Macau auf ihre Kosten, zumal auf der Insel Coloane, deren hügelige Waldgebiete zu ausgedehnten Spaziergängen einladen. Die verkehrsgünstig gelegene Nachbarinsel Taipa ist u. a. Sitz des **Macau Jockey Club**, der im Hippodrom viel besuchte Pferderennen veranstaltet.

Babylonische Vielfalt

Eine bemerkenswerte Toleranz kennzeichnet das soziale Gefüge in Hongkong und Macau. ›Leben und leben lassen‹ ist die Devise, Hauptsache man verdient genug Geld. Im Geschäfts- und Touristikbereich ist **Englisch** die Hauptverkehrssprache, in Macau hört man mitunter aber auch noch **Portugiesisch**. Die Mehrzahl der Bevölkerung beider Städte sind Han-Chinesen, die **Kantonesisch** sprechen, das sich in der Aussprache stark vom Hochchinesischen (*Mandarin* oder *Putong-Hoa*) unterscheidet. Weitere zahlenmäßig bedeutende Volksgruppen sind **Hakka**, Angehörige eines einstigen Seefahrervolkes, **Vietnamesen** und **Inder**, die alle ihre eigene Sprache sprechen. Auch Tagalog hört man häufig, kein Wunder bei mehr als 250 000 **Philippinas**, die als Haus- bzw. Kindermädchen

Links oben: *Nächtliches Treiben auf dem Jade Market in Yau Ma Tei*
Rechts oben: *Erbe portugiesischer Jesuiten – Macaus Hauptplatz Largo do Senado*
Oben: *Tai Chi im Kowloon Park*
Links unten: *Angesagte Antiquitäten in Hong Kong Islands Hollywood Road*
Rechts unten: *Ruhe vor dem Strampeln: Rikschafahrer vor Macaus Casino*

vor allem in Hongkong angestellt sind. Dazu kommt die gerade mal 2% ausmachende Gruppe der **westlichen Ausländer**, der so genannten *Gweilos*. Überwiegend sind dies Engländer, US-Amerikaner und Australier, daneben auch viele Deutsche und Franzosen.

Lebendige Tradition

Bei allen westlichen Einflüssen hat sich in Hongkong und Macau ein außerordentlich starkes traditionelles Element erhalten. **Feng Shui** z.B., die chinesische Lehre der Geomantik, spielt im täglichen Leben eine wichtige Rolle. Sie besagt, dass geologische und kosmische Faktoren bei der Wahl eines Glück verheißenden Bauplatzes oder der optimalen Inneneinrichtung eine wichtige Rolle spielen. Kaum ein beruflicher oder privater Termin wird ohne die Empfehlung von **Sternkundigen** festgelegt, und in jedem der zahlreichen buddhistischen und taoistischen **Tempel** kann man sich die Zukunft deuten oder aus der Hand lesen lassen.

Ebenso fest ist das Vertrauen in die traditionelle **chinesische Medizin** im Bewusstsein der Bevölkerung verankert. Der Anblick von auf Stöcke gespannten Eidechsen oder getrockneten Larven in den Apotheken versetzt westliche Besucher meist in ungläubiges Staunen. Vertrauter sind Gweilos da schon mit der Kunst des **Schattenboxens**. Bereits frühmorgens füllen sich Parks und Grünflächen mit Menschen, die mal beschaulich, mal zackig diese Leibesübungen vollführen. Im Westen sind Varianten wie *Tai Chi* oder *Gong Dong* längst populär. Sie haben mit ihren positiven Auswirkungen auf Körper und Seele dazu beigetragen, eine Brücke zwischen den Kulturen des Westens und des Ostens zu schlagen, wie dies in Hongkong und Macau schon seit Jahrhunderten praktiziert wird.

Der Reiseführer

Dieser reich bebilderte Band stellt in vier Kapiteln die vielfältigen Sehenswürdigkeiten von **Hongkong** vor, ein weiteres Kapitel ist **Macau** gewidmet. Der Bogen spannt sich von moderner Architektur über traditionelle Tempel bis hin zu idyllischen Gärten. Besondere Highlights sind als **Top Tipps** hervorgehoben, im **Kaleidoskop** beleuchten Essays Hintergründe. Nützliche Adressen und Telefonnummern sind im ausführlichen Anhang **Hongkong und Macau aktuell A bis Z** zusammengestellt, der alles Wissenswerte von Anreise bis Verkehrsmittel enthält. Exakte **Karten** und **Pläne** helfen, sich schnell zurechtzufinden. Den Abschluss bildet ein praktischer **Sprachführer**, mit dessen Hilfe man vor Ort die richtigen Worte – oder Zeichen – finden kann.

Geschichte, Kunst, Kultur im Überblick

Perlenfischer und Wirtschaftswunder – Ost-West-Kooperation am Perlflussdelta

ca. 4000 v. Chr. Die Besiedlung des Perlflussdeltas ab der Jungsteinzeit ist durch archäologische Funde auf Lantau Island, Lamma Island und Cheung Chau belegt.

8. Jh. n. Chr. Die Kaiser der chinesischen Tang-Dynastie (618–907) legen bei Tuen Mun an der Südwestküste der heutigen New Territories einen Hafen mit Militärposten zum Schutz des Schiffsverkehrs entlang der Küste von und nach Guangzhou (Kanton) an.

ab 10. Jh. Während der Sung-Dynastie (960–1279) besiedeln Bauern aus der Region um Guangzhou die fruchtbaren Ufer des Perlflusses und die Inseln seines weiten Deltas.

14./15. Jh. Die Ming (1368–1644) gründen entlang der zergliederten Südküste Chinas eine Kette militärischer Stützpunkte, um chinesischen, malaiischen und japanischen Piraten, die zu einer ernsten Bedrohung für den Schiffsverkehr werden, das Handwerk zu legen.

Anfang 16. Jh. Portugiesische Kaufleute landen bei Tuen Mun und betreiben Handel mit der ortsansässigen Bevölkerung. Eine Abordnung der Portugiesen reist nach Beijing (Peking), um am dortigen Kaiserhof diese Handelsbeziehungen zu legitimieren.

1557 Die portugiesischen Seefahrer unterstützen die Chinesen in ihrem Kampf gegen Piraten und erhalten zum Dank vom kaiserlichen Hof die Halbinsel Macau mit den kleinen Inseln Taipa und Coloane als Handelsstützpunkt.

1558–70 Luís Vaz de Camões, portugiesischer Nationaldichter, lebt und arbeitet in Macau.

1575 Macau wird Bischofssitz. Jesuiten machen die Stadt zum wichtigsten christlichen Zentrum in Südostasien und missionieren von hier aus in China, Japan und Korea.

1602–37 Unter jesuitischer Leitung entsteht in Macau die prächtige Barockkirche São Paulo. Sie wird 1835 durch einen Brand fast vollständig zerstört.

17. Jh. In Macau wehren die Portugiesen mehrere Angriffe der Niederländer erfolgreich ab.

17./18. Jh. Großbritannien und die Niederlande bemühen sich am chinesischen Kaiserhof ebenfalls um Handelslizenzen, sind aber nur bedingt erfolgreich. Die ›weißen Teufel‹ erhalten lediglich die Erlaubnis, jedes Jahr von Oktober bis Mai in Guangzhou ein ummauertes Kontor zu beziehen. Alle geschäftlichen Transaktionen müssen über chinesische Mittelsmänner, sog. Hong, abgewickelt werden. Nach Ablauf des Handelshalbjahrs verbringen die Europäer meist das restliche Jahr in ihren Sommerresidenzen in Macau.

Anfang 18. Jh. Piraten machen erneut die Südküste Chinas unsicher. Unter ihnen gilt der mächtige Cheung Po Tsai als einer der gefährlichsten. Die chinesische Marine wird seiner nicht Herr, doch der britischen Handelsgesellschaft East India Company gelingt es, den Freibeuter zu bestechen und ihn fortan mit der Verfolgung seiner vormaligen Spießgesellen zu beschäftigen. Die Schifffahrt im Südchinesischen Meer wird in der Folge wieder sicherer.

Ende 18. Jh. Die Handelsposition der East India Company ist auch durch den Erfolg an der Piratenfront maßgeblich erstarkt, sodass die Briten andere europäische Nationen im Chinahandel fast völlig verdrängen können. Allerdings führt die Tatsache, dass die Eng-

◁ *Ab dem 18. Jh. verdienen Schmuggler und Kaufleute am Opiumimport nach China*

Am Verhandlungstisch: Commodore J. J. Bremer erhält 1841 Hong Kong Island

länder zwar Waren wie Seide, Porzellan und Tee aus dem Reich der Mitte beziehen, dieses aber nichts von ihnen kauft, zu einer schlechten Außenhandelsbilanz. Um Abhilfe zu schaffen beginnen die Briten, in großem Stil Opium aus Indien nach China zu importieren. Die Rechnung geht auf, zumal chinesische Amtsinhaber ebenfalls am Verkauf des Rauschgiftes in China verdienen: Das Opium findet reißenden Absatz und bringt den Briten schon bald enorm viel Geld ein. Für die Chinesen jedoch haben die Folgen der Drogenabhängigkeit in der Bevölkerung verheerende Auswirkungen.

1799 Die Steuer- und Exporteinnahmen der kaiserlichen Schatzkammer schwinden wegen des Opiummissbrauchs im Land dramatisch. Doch am chinesischen Hof kann man sich zu keiner durchgreifenden innenpolitischen Maßnahme entschließen, verdienen doch auch hier einzelne Würdenträger hervorragend an der flächendeckenden Verteilung des Rauschgifts.

Anfang 19. Jh. China weigert sich gegenüber England, die im 17. Jh. etablierten restriktiven Handelsbestimmungen zu lockern. Auch an diplomatischen Beziehungen zu Großbritannien besteht kein Interesse.

1839 Der chinesische Kaiser Daoguang stattet den Kommissar Lin Zexu mit weitreichenden Vollmachten aus und erteilt ihm den Auftrag, die Einfuhr von Opium nach China zu unterbinden. Lin lässt die europäischen Kontore in Guangzhou von Militär umstellen und erzwingt so vom britischen Handelsbevollmächtigten Captain Charles Elliot die Herausgabe von 20 283 Kisten Opium, die sofort vernichtet werden. Diese Ereignisse lösen den Ersten Opiumkrieg (1839–42) aus. Die europäischen Kaufleute fliehen aus Guangzhou zunächst nach Macau, sind dort aber nicht willkommen. Daraufhin suchen die Flüchtlinge, in der Mehrzahl Briten, auf ihren Schiffen Schutz.

1840 Der britische Außenminister Lord Palmerston fordert von China Ersatz für das zerstörte Opium, die Aufgabe aller Handelsbeschränkungen sowie Land für die Errichtung einer Niederlassung auf chinesischem Boden. Um diesen Forderungen Nachdruck zu verleihen, belagern britische Soldaten Guangzhou. Die militärisch unterlegenen Chinesen willigen in Verhandlungen ein.

25. Januar 1841 Ohne den Ausgang der Verhandlungen zwischen chinesischer und britischer Regierung abzuwarten, besetzt Commodore Sir J. J. Bremer unter dem Befehl von Captain Charles Elliot eine dem chinesischen Festland vorgelagerte Insel, das heutige Hong Kong Island, und hisst den Union Jack.

1841–42 Lord Palmerston zeigt sich enttäuscht über die Wahl dieses britischen Stützpunkts in China, eines »kahlen Felsen mit kaum einer Hütte darauf«. Er setzt Captain Elliot ab und ernennt Sir Henry Pottinger zum britischen Militärbefehlshaber in Südchina.

29. August 1842 China sieht sich aufgrund seiner militärischen Unterlegenheit gezwungen, dem von

Ende des 18. Jh. schmiegt sich Hongkong noch an den Fuß des Victoria Peak

Auf Händen getragen: Im 19. Jh. gehören Sänften zum Stadtbild von Hongkong

Briten diktierten Friedensvertrag von Nanjing zuzustimmen. Die Vereinbarungen beinhalten die Zahlung von 21 Mio. Silberdollar Entschädigung für das vernichtete Opium, die Öffnung fünf weiterer südchinesischer Häfen, u. a. Shanghai, für den Handel mit Großbritannien, die Aufnahme wechselseitiger diplomatischer Beziehungen sowie die Abtretung von Hong Kong Island an die Briten »auf ewig«. Es folgt die Gründung der ersten britischen Siedlung Victoria auf der Insel. Da europäische Schiffe nunmehr bevorzugt den günstigen Tiefseehafen von Hongkong anlaufen, gerät Macau mit seinen flacheren Gewässern ins Hintertreffen.

1843 Sir Henry Pottinger wird erster Gouverneur des neuen britischen Territoriums Hongkong.

1844 Die portugiesische Handelsniederlassung Macau erhält den Status einer portugiesischen Überseeprovinz und wird damit gewissermaßen eine selbstständige Kolonie.

1853 40 000 Menschen, überwiegend Chinesen, leben auf Hong Kong Island.

1857–60 Ein erneutes Aufflackern von Feindseligkeiten zwischen England und China führt zum Zweiten Opiumkrieg. England ist siegreich und erhält im Frieden von Tian Jin zusätzlich zu Hong Kong Island die Halbinsel Kowloon auf dem gegenüberliegenden Festland.

1888 Im Rahmen eines Handels- und Freundschaftsvertrages überlässt China den Portugiesen Macau »auf Dauer«. Allerdings wird das Abkommen am chinesischen Hof nie ratifiziert. Zu diesem Zeitpunkt ist die Blütezeit Macaus bereits vorbei, denn die britische Kronkolonie Hongkong hat ihrem portugiesischen Nachbarn den Rang als bedeutendste Handelsniederlassung der Region abgelaufen.

Juni 1898 China verpachtet das Gebiet der New Territories sowie 235 Inseln im Perlflussdelta insgesamt 966 km^2, auf 99 Jahre an England – für jährlich 5000 HK-$.

Anfang 20. Jh. Victoria Harbour, der Tiefseehafen zwischen Hong Kong Island und Kowloon, ermöglicht regen Handelsverkehr, und Hongkongs Wirtschaft blüht. 1930 leben bereits 800 000 Menschen in der britischen Kronkolonie, davon rund 97 % Chinesen.

1907 Gründung der Universität von Hongkong.

1911 Revolutionäre um den Intellektuellen Sun Yat-Sen stürzen den letzten chinesischen Kaiser Pu Yi. Zu den engsten Mitarbeitern Dr. Suns gehören sein Schwager Chiang Kai-Chek und der junge Mao Zhe-Dong.

1938 Japaner marschieren in Südchina ein. Viele Flüchtlinge suchen Zuflucht in Hongkong, das etwa 1,6 Mio. Menschen beherbergt.

1941–45 Im Dezember 1941 erobert Japan Hongkong. Während der vierjährigen Besatzung sinkt die Zahl der Bevölkerung auf rund 600 000. Viele fliehen nach Macau, das neutral bleibt.

1945–49 Rund 1 Mio. Chinesen fliehen vor dem in China zwischen den Anhängern von Mao Zhe-Dong und Chiang Kai-Chek entfachten Bürgerkrieg nach Hongkong. Chiang gründet auf der Insel Formosa den Staat Taiwan (Nationalchina), Mao etabliert auf dem Festland die Volksrepublik China (Rotchina). Beide Staaten erheben den Anspruch, das ›wahre‹ China zu repräsentieren.

1950–53 Die USA verhängen im Rahmen des Koreakrieges ein Handelsembargo gegen China, das auch Hongkong empfindlich trifft. Es wird deutlich, dass sich Hongkong wirtschaftlich nicht allein auf den Handel verlassen kann. Bald ist die britische Kronkolonie welt-

◁ *Bis weit ins 19. Jh. ist der Hafen von Macau Treffpunkt für Kaufleute aus aller Welt*

Mit allen Ehren wird am 1. Juli 1997 die Rückgabe Hongkongs an China zelebriert

weit führend im Export preisgünstig produzierter Textilien, Plastik- und Elektroartikel.

1953 Aufgrund der verheerenden Wohnsituation in Hongkong werden bis 1970 zahlreiche Satellitenstädte hochgezogen – Wohnraum für 1 Mio. Menschen. Wegen seines enormen Erfolgs wird das Programm 1973 erneuert und ist bis heute in Kraft.

1967 Die Kulturrevolution der Kommunisten wütet in China. Auch in Hongkong kommt es zu Unruhen. Viele Beobachter rechnen mit einem militärischen Eingreifen Beijings, doch letztlich lässt Rotchina den kleinen kapitalistischen Nachbarn gewähren.

1971 In Hongkong leben 4 Mio. Menschen.

1979 Erstmals nehmen Portugal und die Volksrepublik China diplomatische Beziehungen auf.

ab 1980 Zahlreiche Produktionsstätten werden von Hongkong in die Volksrepublik China verlagert, Hongkong steigt zum Finanzzentrum der Region auf.

1984 Unterzeichnung der Sino-British Joint Declaration, nach der mit Auslaufen des Pachtvertrages von 1898 nicht nur die gepachteten Gebiete, sondern auch die ohne Hinterland nicht haltbare britische Kolonie (Hong Kong Island und Kowloon) 1997 an die Volksrepublik China zurückgegeben werden. Allerdings behält sich Großbritannien für weitere 50 Jahre ein weitreichendes Mitspracherecht in der Politik Hongkongs vor. Viele Hongkong-Chinesen stehen dem Abkommen misstrauisch gegenüber. Vor allem mittelständische Geschäftsleute und Intellektuelle verlassen im Laufe der nächsten Jahre ihre Heimatstadt, bevorzugt in Richtung Großbritannien, USA oder Kanada. Auch die Kapitalflucht ist beträchtlich.

1987 Die Sino-Portuguese Joint Declaration regelt die Rückgabe Macaus an China 1999 analog den Vereinbarungen zu Hongkong.

1989 Die chinesische Regierung schlägt die Demokratiebewegung im Land blutig nieder und lässt in Beijing auf dem Tien A-Men, dem Platz des Himmlischen Friedens, protestierende Studenten niederschießen. Viele Oppositionelle fliehen zunächst nach Hongkong.

1993 Nach mehrjähriger Bauzeit ist der Tian Tan Buddha, eine 26 m hohe Bronzestatue auf Lantau Island, fertig gestellt.

1. Juli 1997 Hongkong kommt an China zurück. Unter dem Motto ›One country, two systems‹ (›Ein Land, zwei Systeme‹) soll Hongkong als Sonderwirtschaftszone Hongkong, Special Administration Region (SAR), die nächsten 50 Jahre weitermachen wie bisher. Wirtschafts-, Verwaltungs- und Rechtssystem der ehem. britischen Kronkolonie bleiben für diese Zeit unangetastet, Außen- und Sicherheitspolitik nimmt China wahr.

November 1997 Die Börsen Asiens, auch die von Hongkong, leiden unter verheerenden Kurseinbrüchen. Auf den unerwarteten Kapitalmangel folgt eine wirtschaftliche Depression.

Juli 1998 Eröffnung des neuen Hongkonger Flughafens Chek Lap Kok auf Lantau Island.

20. Dezember 1999 Macau kommt zurück an China, die nächsten 50 Jahre als Sonderwirtschaftszone der Volksrepublik (Special Administration Region, SAR).

2002 Das bislang monopolisierte Glücksspiel in Macau wird liberalisiert. Macaus Regierung lässt nun mehrere Anbieter zu.

2005 Die Altstadt von Macau wird UNESCO-Weltkulturerbe. – Nach Massenprotesten gegen seine Informations-, Wirtschafts- und Gesundheitspolitik tritt Hong Kongs Regierungschef Tung Chee-hwa im März zurück. Nachfolger wird sein Vize Donald Tsang. – Im September eröffnet auf Lamma Island der Vergnügungspark Disneyland Hong Kong.

2007 Gemäß dem zwischen GB und China ausgehandelten Hong Kong Basic Law (Grundgesetz) sollt 2007 der Hongkonger Regierungschef erstmals direkt gewählt werden. Doch bereits im April 2004 spricht sich der Ständige Ausschuss des Nationalen Volkskongresses in Beijing dagegen aus. Die Zentralregierung in Beijing werde über den passenden Zeitpunkt für freie Wahlen in Hongkong entscheiden.

Unterwegs

莎莎化粧品公
洋服
UN TAILOR
F 508
服洋成大
NAMASTE
BEST INDIAN FOOD
金蘭
粥
麵
KING LAND
Hair Salon
DAIHATSU
EH 5046

Wo die Nacht zum Tage wird – rund um die Uhr locken Reklametafeln in Hongkongs Amüsier- und Einkaufsviertel Wan Chai

Hong Kong Island – atemberaubende Skyline und entlegene Fischerdörfer

Die Stadtkulisse ist weltberühmt: Im Norden von Hong Kong Island schieben sich die Türme der Finanz- und Geschäftsviertel zu einer unverwechselbaren und grandiosen Skyline ineinander und bilden ein einzigartiges Panorama, von den rot abgesetzten Zwillingstürmen des *Shun Tak Centre* beim Hongkong Macau Ferry Terminal in **Sheung Wan** im Westen bis zu den Wohnsilos von **Causeway Bay** im Osten. Vor allem abends, wenn unzählige Glühbirnen und Leuchtreklamen in den Nachthimmel strahlen, ist der Anblick überwältigend. Beherrschend erhebt sich über allem der 554 m hohe Gipfel **Victoria Peak**, an seiner Flanke akzentuiert durch den Aussichtsturm mit dem geschwungenen Dach – bei schönem Wetter ein Muss für jeden Hongkong-Besucher.

Auf der dank hinzugewonnenem Neuland heute insgesamt 80 km² großen Insel wurde Mitte des 19. Jh. der Grundstein des modernen Hongkong gelegt. Damals, 1841, ließ *Captain Charles Elliot* das ›barren rock‹ (kahler Felsen) genannte Eiland besetzen – kurz darauf fiel es im *Vertrag von Nanjing* ›auf ewige Zeiten‹ an England. Hier, im heutigen **Central District**, befinden sich die wenigen noch erhaltenen architektonischen Zeugnisse aus der britischen Zeit wie die *St. John's Cathedral* oder das *Legislative Council Building*. Sie teilen das Viertel mit den hoch aufragenden Tempeln der Finanzwelt, darunter der spektakuläre *Bank of China Tower* oder Hong Kongs höchstes Gebäude, der 415 m aufragende *2IFC (2 International Finance Centre)* nahe dem Fähranleger. Dazwischen erstreckt sich ein ganzes Areal von überdachten Shoppingmeilen, ziehen glasblinkende Einkaufsparadiese mit ihren zahllosen Geschäften auf 30 und mehr Stockwerken ein internationales Käuferpublikum an.

Vom Rande des Central District führt die längste Rolltreppe der Welt hinauf in die an den Hängen gelegenen Wohnviertel der **Mid-Levels**. Hier manifestiert sich eine faszinierende Mischung aus westlicher und chinesischer Kultur und Lebensart. Durch ganze Straßenzüge ziehen sich asiatische Märkte und in der Einkaufsstraße *Hollywood Road* haben sich Tempel erhalten, die alten Göttinnen wie *Tin Hau* geweiht sind. Gleichzeitig tut sich an beinahe jeder Ecke eine Baustelle auf, ziehen Arbeiter neue Wolkenkratzer in die Höhe, deren von kunstvollen, scheinbar zerbrechlichen Bambusgerüsten ummantelte Skelette einen für westliche Augen höchst ungewöhnlichen Anblick bieten.

Wie die gesamte Stadt zeigt sich auch das verhältnismäßig kleine Hong Kong Island äußerst facettenreich. Neben Wolkenkratzer-Vierteln im Norden der Insel gibt es auch einige Erholungsgebiete. So ist z. B. der dicht bewaldete Höhenzug, der sich von West nach Ost durch das Inselinnere zieht, wie geschaffen für Wanderungen oder Mountainbike-Touren. An seinen Ausläufern können sich Familien im **Ocean Park** vergnügen oder am Strand von **Shek O** in chinesisches Freizeitleben eintauchen. Nicht zuletzt die Wohngebiete im Süden der Insel sind einen Besuch wert: z. B. **Aberdeen** mit seinem Dschunkenhafen oder **Repulse Bay**, in dessen türkisblauer Bucht zahlreiche Jachten ankern. **Stanley**, bevorzugte Residenz der westlichen *Hong Kong People*, wartet nicht nur mit einem hübschen Strand und quirligem Touristenmarkt auf, sondern auch mit einigen innovativen Restaurants, deren Besuch kulinarische Genüsse verspricht.

◁ **Oben:** *Lightshow über Hong Kong Island*
Unten links: *Formenspiel beim Bank of China Tower*
Unten rechts: *Glück bringender Drachentanz zu Neujahr*

Central District – das moderne Banken- und Finanzviertel

Stahl und Spiegelglas dominieren im geschäftigen **Bankenviertel** Central District um die zentrale nördliche Hafenbucht von Hong Kong Island. Zwischen den Hochhausriesen zeugen einige historische Gebäude wie das im heutigen Hong Kong Park gelegene *Flagstaff House* oder das nahe *Government's House* von der britischen Epoche in Hongkong, als das Viertel noch **Victoria** hieß und noch vergleichsweise überschaubar war. Heute reißt in den Straßenschluchten der Verkehr nicht mehr ab, drängen sich qualmende Busse, Limousinen mit getönten Scheiben und hupende Lieferwagen aneinander vorbei. Dazwischen wirbelt und wuselt eine unüberschaubare Menschenmenge. Sie läuft in Strömen dahin, verteilt sich auf die einzelnen Etagen der Einkaufszentren oder Bürogebäude und vereint sich wieder in der Nähe der *Star Ferry* auf den überdachten Gangways, die über den mehrspurigen Autostraßen ein zweites Wegenetz für Fußgänger bilden.

TOP TIPP

Wie putziges Spielzeug wirkt in diesem Wirrwarr die **Tramway**. Die schmalen, zweistöckigen Straßenbahnen zuckeln seit 1904 von Shau Kei Wan an der Nordostecke von Hong Kong Island bzw. von Happy Valley aus bis Sheung Wan im Nordwesten. Außerhalb der Stoßzeiten sind sie das beste Verkehrsmittel, um das Stadtzentrum zu besichtigen. Touristen führt der Weg meist als erstes zum Aussichtspunkt auf dem **Victoria Peak**, der höchsten Erhebung von Hong Kong Island. Seltsam entrückt wirken von dort oben die geschäftige Stadt und der belebte *Victoria Harbour*.

1 Star Ferry Terminal

Tausende pendeln an Bord einer Star Ferry, schwimmendes Wahrzeichen der Stadt, täglich zwischen Hong Kong Island und Kowloon.

Edinburgh Place
MTR Central

Seit 1898 verkehren Schiffe wie die ›Morning Star‹, ›Rising Star‹ und ›Silver Star‹ vom frühen Morgen bis zum späten Abend in Minutenabständen zwischen Hong Kong Island und Kowloon. Die flachen grünen Fähren, die allesamt noch aus der Gründungszeit der **Star Ferry Line** stammen, bilden ungeachtet der zwei modernen Tunnelverbindungen, dem Cross Harbour Tunnel und dem Western Cross Harbour Tunnel, noch immer den schnellsten Weg zwischen Kowloon und Hong Kong Island. Außerdem sind sie aus dem Stadt- bzw. Hafenbild längst nicht mehr wegzudenken. Mit einer Star Ferry nach Hong Kong Island überzusetzen ist für viele Einwohner der tägliche Weg zur Arbeit, für Besucher der Finanzmetropole aber ein ganz besonderes Erlebnis. Der Anblick der **Skyline** vom Wasser aus ist tatsächlich überwältigend, und daher ist es nicht verwunderlich, dass die etwa 10-minütige Überfahrt sowie das Anlegemanöver stets vom Klicken und Surren unzähliger Fotoapparate und Kameras begleitet werden.

Das Fährterminal in Central District hat gleichartige Pendants in *Wan Chai* östlich des Hong Kong Convention and Exhibition Centre und auf Kowloon in *Tsim Sha Tsui* bzw. *Hung Hom*. An all diesen einstöckigen Gebäuden hat die salzhaltige Meeresluft Spuren hinterlassen. Die weiße und grüne Farbe blättert ab, die hölzernen Landebrücken sind abgetreten und glitschig. Vorsicht ist also geboten, will man seinen Landgang nicht mit einer Bauchlandung beginnen.

Biegt man im Star Ferry Terminal des Central District rechts ab und geht um das befestigte Hafenbecken herum, erreicht man die *Anlegestellen* der bedeutend moderneren Fähren zu den Outlying Islands. Auf dem Weg dorthin passiert man das 2003 fertig gestellte **2 International Finance Centre** (2 IFC), das mit 415 m höchste Gebäude der Stadt. Auf der Stadtseite des Fährgebäudes liegt links der *Busbahnhof*, von dem aus man die entlegensten Orte der Insel erreicht. Schräg rechts führt eine überdachte Fußgängerbrücke in die Shopping- und Finanzviertel des Central District, die sich unmittelbar jenseits der stark befahrenen Connaught Road erstrecken.

2 Statue Square

Auf dem zentralen Platz im Bankenviertel hat mit dem Legislative Council Building ein einziger Kolonialbau dem Bauboom getrotzt.

MTR Central

Vom Star Ferry Terminal führt leicht links ein breiter Fußgängertunnel unter der lebhaften Chater Road hindurch und

Alte Gesetzesschmiede – das hell erleuchtete Legislative Council am Statue Square

Dauerbrenner – Pendeln mit der Star Ferry zwischen Kowloon und Hong Kong Island

mündet auf den quadratischen, weiten Statue Square. Von modernen Hochhäusern gerahmt, bildet der zentrale Platz gewissermaßen das Eingangstor zum Central District mit seinen Bankentürmen und Einkaufspalästen. Passend dazu zeigt das überlebensgroße Standbild in der Mitte *Sir Thomas Jackson Bart* (1841–1902). Er war laut Inschrift ab 1870 Chief Manager der Hong Kong & Shanghai Bank [Nr. 3].

Noch Mitte des 20. Jh. rahmten den Statue Square arkadengeschmückte Prachtbauten. Von der Architektur der Kolonialzeit hat jedoch nur ein Gebäude, das **Legislative Council Building**, die Bauaktivitäten der letzten Jahrzehnte überdauert. In dem blendend weißen, 1903–12 errichteten Komplex im Osten des Platzes hatte einst das Oberste Gericht seinen Sitz. Seit Mitte der 1980er-Jahre tagt hier die Gesetzgebende Versammlung von Hongkong (LegCo). Beide Stockwerke des für die Öffentlichkeit unzugänglichen Zweiflügelbaus sind mit umlaufenden Arkadengängen versehen. Die imposante Kuppel einer Rotunde überragt den markanten Dreiecksgiebel über dem Mittelrisalit. Im Giebelfeld flankieren, in Stein gemeißelt, Löwe und Einhorn den Wahlspruch der britischen Krone *Dieu et mon droit* (›Gott und mein Recht‹). Die bekrönende Giebelfigur der Justitia mit Augenbinde und Waage weist auf die einstige Funktion des Gebäudes als Oberster Gerichtshof der Kronkolonie hin.

Unbeschwert genießen philippinische Hausangestellte ihren freien Sonntag in der Stadt

Auf der gegenüberliegenden westlichen Seite des Statue Square erhebt sich das 1979 eingeweihte **Prince's Building**, eine der feinsten Einkaufsadressen Hongkongs. Die Schauseite zum Platz hin schmücken die Auslagen von Designern wie Boss, Chanel und Ralph Lauren. Das elegante Luxusambiente setzt sich innen mit den Verkaufsräumen auf fünf Stockwerken fort.

Der Statue Square selbst ist mit seinen überdachten Sitzbänken, den Gummibäumen und plätschernden Wasserbecken ein Ruhepunkt im sonst so betriebsamen Central District, stets bevölkert von zahllosen Büroangestellten, Touristen und tatendurstigen bzw. bereits ermatteten Konsumenten. Sonntags aber gehört dieser Platz ausschließlich den philippinischen Hausmädchen. An ihrem freien Tag versammeln sie sich hier so zahlreich, dass sogar die angrenzenden Straßen für den motorisierten Verkehr gesperrt werden müssen.

3 Hong Kong & Shanghai Bank

Das Meisterwerk von Sir Norman Foster ist eines der teuersten Gebäude der Metropole.

Des Voeux Road Central
MTR Central
Mo–Fr 9–16.30, Sa 9–12.30 Uhr

Rund 7 Mrd. HK-$, über 1 Mrd. €, hat der 52-stöckige Büroturm der Hong Kong & Shanghai Banking Corporation (HSBC) bis zu seiner Fertigstellung 1986 allein an **Baukosten** verschlungen und war bis dahin das teuerste Gebäude der Welt. Von Tsim Sha Tsui, der Südspitze von Kowloon, bzw. von einer der Star Ferries aus hat man über den sich zum Hafen hin öffnenden Statue Square, an dessen Südseite das Bankhochhaus aufragt, einen freien Blick auf den knapp 180 m hohen graublauen Beton- und Glaskoloss. Um im Inneren Platz für große Büroräume zu schaffen, verlegte der berühmten britischen Architekten *Sir Norman Foster* das technische Innenleben des Gebäudes, die die Versorgungsschächte bergenden horizontalen und vertikalen Verstrebungen, nach außen an die Fassade des Turms. Nicht zuletzt die auf dem Dach um einen Hubschrauberlandeplatz gruppierten Sendemasten und Radarantennen – sie erinnern an die militärische Aus-

Gegen die als ›Kathedrale des Geldes‹ apostrophierte Hong Kong & Shanghai Bank nimmt sich die traditionelle Architektur der St. John's Cathedral bescheiden aus

stattung eines Marinezerstörers – heben das markante Bankgebäude unter Hunderten anderer Wolkenkratzer hervor.

Den **Haupteingang** der HSBC an der Des Voeux Road flankieren zwei etwa 3 m hohe rotbraune liegende Löwen aus Flugzeugaluminium. Sie stammen vom Vorgängerbau aus den 30er-Jahren des 20. Jh., der bereits 50 Jahre später dem Neubau weichen musste. Der linke Löwe zeigt noch Einschusslöcher japanischer Munition aus dem Zweiten Weltkrieg. Im gesamten Mittelteil des Neubaus öffnet sich das gepflasterte **Erdgeschoss** als frei zugänglicher öffentlicher Raum wie eine Fortsetzung des angrenzenden Statue Square nach außen. In seiner Mitte führen zwei radial gruppierte **Rolltreppen** in den ersten Stock. Sie parallel anzuordnen hätte dem *Feng Shui*, der alten chinesischen Lehre der Geomantik [s. S. 48], widersprochen. Gegliedert wird das Erdgeschoss durch mächtige **Säulen**, die auch den Plexiglasboden der darüber liegenden **Schalterhalle** tragen. Die weitläufige, transparent wirkende Halle öffnet sich auf einen mehr als 50 m hohen Innenraum. Ab halber Höhe sind hier vier umlaufende verglaste Büroetagen eingezogen, die den Blick auf funktionale Großraumbüros freigeben. Erst darüber beginnen dann die eigentlichen Büroetagen, bei denen allerdings auf transparente Böden und Wände verzichtet wurde.

Effektvoll illuminiert fügen sich die geometrischen Bauelemente des Bank of China Tower wie Teile eines Tangram-Legespiels zum imposanten Büroturm zusammen

4 Bank of China Tower

Geometrisch, glitzernd, glatt – symbolträchtige Schauarchitektur des neuen China.

Garden Road
MTR Central

Zwischen dem *Statue Square* und der Talstation der *Peak Tramway* ragt seit 1989 die chrom- und glasspiegelnde Fassade des 70-stöckigen Bank of China Tower empor. Der Verwaltungssitz der chinesischen Nationalbank erreicht eine Höhe von 368 m und überragt die benachbarte Hongkonger Hausbank HSBC damit um mehr als das Doppelte. Mit diesem Gebäude demonstrierte die Volksrepublik bereits einige Jahre vor der Übernahme der britischen Kronkolonie architektonische Präsenz. Allerdings blieb der himmelwärts strebende spektakuläre Turm nicht lange höchstes Gebäude von Hongkong. Er wurde bereits 1993 von dem im östlich anschließenden Stadtviertel Wan Chai errichteten *Central Plaza* [s. S. 38] um 6 m übertroffen.

Der chinesisch-amerikanische Architekt *Ieoh Ming Pei*, der auch die Glaspyramide im Innenhof des Pariser Louvre entworfen hat, variierte am Bank of China Tower das Thema der **Dreiecksform**. Das gilt nicht nur für die Fassade mit den einander überkreuzenden Gebäudeverstrebungen zwischen den Spiegelglasfenstern, sondern auch für den gesamten schlanken Baukörper, der sich ab einer Höhe von etwa 60 m bis zu seiner Spitze stufenweise verjüngt. Über dem quadratischen Gebäudegrundriss fügen sich somit vier dreieckige Baukörper unterschiedlicher Höhe zum Turm. Sie sind nacheinander zurückgestuft und finden jeweils in einem pyramidal auslaufenden Dach ihren Abschluss.

Feng-Shui-Experten bemängelten an dieser streng geometrischen, faszinierenden Konstruktion die vielen spitzen Ecken und Kanten, die unweigerlich auf Nachbargebäude zeigen. Vor allem das *Government's House* [s. S. 26] werde davon negativ beeinflusst. Positive Impulse versprach man sich hingegen von dem für die offizielle Einweihung festgesetzten Datum, dem 8. August 1988. Tatsächlich konnte der Tower aber erst im Mai 1990 eröffnet werden.

Vorbei an den rot-golden livrierten Türwächtern gelangen Besucher zunächst in die Eingangshalle aus dunklem, spiegelnd poliertem Marmor und von dort aus in die Schalterhalle im ersten Stock. Der hohe Raum wird dominiert von gewaltigen Marmorpfeilern, der Boden ist mit dicken Teppichen ausgelegt. Selbst die runden, ebenfalls marmornen Bankformularspender – mit einem Durchmesser von mindestens 3 m – wirken bombastisch.

5 St. John's Cathedral

Inmitten hypermoderner Architektur ist die Kirche ein Relikt der kolonialen Vergangenheit der Stadt.

4, Garden Road
MTR Central
Tel. 25 23 41 57
tgl. 7–18 Uhr

Auf der Suche nach architektonischen Zeugnissen der britischen Epoche Hongkongs stößt man am Berghang hinter dem Bank of China Tower auf die 1847–49 erbaute St. John's Cathedral. Mit ihrem niedrigen, von einem Spitzdach bekrönten Glockenturm und den hohen Maßwerkfenstern wirkt das Gotteshaus der **anglikanischen Episkopalgemeinde** inmitten der modernen Metropole beinahe wie ein Museumsstück. Die mit Spitz-

Friedliche Einkehr bietet der Kirchenraum der St. John's Cathedral allen Besuchern

bögen und einfachem Maßwerk geschmückte offene Vorhalle imitiert ebenso wie die Fassade den Baustil des *Early English*, also der englischen Frühgotik des 13. Jh. Das **Kircheninnere** ist sehr schlicht gehalten. Es musste nach der Zweckentfremdung durch die japanischen Besatzer, die den Sakralbau 1944/45 als Offiziersklub nutzten, weitgehend erneuert werden. So zeigen sich die Wände heute kahl, einziger Schmuck sind die modernen Buntglasfenster. Eine Tafel dankt der HSBC, die 1953 anlässlich der Thronbesteigung der britischen Königin Elisabeth II. im Vorjahr eine neue Glocke gestiftet hatte. Jeden Sonntag füllt sich der helle, kühle Kirchenraum mit philippinischen Hausmädchen, die hier die katholische Messe in ihrer Muttersprache Tagalog hören.

Die neogotischen Bauelemente der St. John's Cathedral wiederholen sich nebenan in der bescheidenen **Lady Chapel** und in dem niedrigen Wirtschaftsgebäude. In diesem sind die offene **Li Hall** mit einem schön geschnitzten Dachgestühl, ein kleiner Bücherladen und Büros kirchlicher Wohltätigkeitsvereine untergebracht.

In unmittelbarer Nachbarschaft können zwei weitere Kolonialbauten zumindest von außen besichtigt werden. Vom Portal der Kathedrale aus führt ein Fußweg unter schattigen Bäumen einige Meter bergab zu einem imposanten dreistöckigen roten Backsteingebäude mit grünen Fensterläden, dem **Former French Mission Building**. Errichtet wurde es 1842/43 im Auftrag von *Sir Henry Pottinger*, dem ersten Gouverneur von Hongkong. Nach mehreren Um- und Anbauten wurde der Komplex zwischen 1915 und 1953 von den Missions Etrangères, der französischen Auslandsmission, genutzt – daher auch sein Name. Heute beherbergen die wuchtigen Mauern den Gerichtshof des *Court of Final Appeal*.

Südlich, also von der Kathedrale bergaufwärts, liegt an der Upper Albert Road in einem sorgfältig gepflegten Garten das **Government's House**. Der lang gestreckte einstöckige neoklassizistische Bau wurde 1855 hoch über dem damaligen Victoria als Amtssitz der britischen Gouverneure erbaut. Den seitlich angrenzenden Turm mit seinem geschwungenen Dach, der nicht recht zu der älteren Kolonialarchitektur passen will, fügten in den 1940er-Jahren die japanischen Besatzer hinzu. Mit dem Auszug des letzten britischen Gouverneurs von Hongkong, *Chris Patten*, am 30. Juni 1997 verlor der Repräsentationsbau seine frühere Bedeutung. Nach Umbau und Renovierung nutzt die Stadt das einstige Gouverneurshaus heute als repräsentative Kulisse bei offiziellen Empfängen.

6 Hong Kong Park

Grüne Oase der Ruhe inmitten des betriebsamen Bankenviertels.

Cotton Tree Drive
MTR Central, Admiralty
Tel. 25 21 50 41
tgl. 6.30–23 Uhr
Informationskiosk am Haupteingang: Mo–Fr 9–17 und Sa 9–12 Uhr

Zahlreiche Spazierwege durchziehen den 8 ha großen Hong Kong Park, der sich den teilweise recht steilen Hang zwischen Central District und Mid-Levels hinaufzieht. Übersichtsbroschüren liegen am Informationskiosk beim Haupteingang hinter dem *Bank of China Tower* bzw. der *Citi Bank Plaza* aus. Einheimische wie Touristen genießen Spaziergänge durch den sehr schön mit Grünflächen, Blumenrabatten, Hainen und Wasserkaskaden angelegten Park – vor allem an den Wochenenden kann es sehr voll werden. Viele frisch vermählte Paare, die in der *Marriage Registry*, einer Art Standesamt, neben der zentralen Parkverwaltung beim Haupteingang geheiratet haben, posieren in der üppig grünen Umgebung für ihre Hochzeitsfotos.

Der Hong Kong Park, dessen Haupteingang ein weißer runder Uhrturm schmückt, wurde am 23. Mai 1991 eröffnet. Zuvor hatte sich das Gelände mehr als 140 Jahre lang im Besitz des britischen Militärs befunden. Das weiße **Flagstaff House** im Süden der Grünanlage wurde 1846 als Hauptquartier des Oberbefehlshabers der britischen Streitkräfte in Hongkong errichtet und ist heute der älteste noch original erhaltene Kolonialbau Hongkongs. Seit 1984 beherbergt das neoklassizistische Gebäude mit den auf beiden Stockwerken umlaufenden Arkadenreihen das **Flagstaff Museum of Tea Ware** (10 Cotton Tree Drive, Tel. 28 69 06 90, Mi–Mo 10–17 Uhr). Die kleine Sammlung gibt einen umfassenden Überblick über die Kulturgeschichte des Tees (Schwerpunkt China),

Kontrastprogramm im Hong Kong Park: Hinter dem Flagstaff House wachsen die beiden Türme des Lippo Centre in den Himmel

dokumentiert Anbau, Verarbeitung und Genuss. Historische Exponate und eine ausgezeichnete Keramiksammlung mit Teegeschirr aus zweieinhalb Jahrtausenden ergänzen die informative Ausstellung. Ein nettes Detail ist die Melodie der Londoner Big-Ben-Glocke, mit der pünktlich um 17 Uhr zum Verlassen des Gebäudes aufgefordert wird. Dem Stifter und Mäzen des Museums, Dr. K. S. Lo Kwee-Seong ist auch die **K. S. Lo Gallery** im Nebengebäude gewidmet. In den hellen, großzügigen Räumen sind Wechselausstellungen meist mit Werken zeitgenössischer regionaler Künstler zu sehen.

Der Park bietet immer wieder herrliche Ausblicke nach allen Seiten auf die imposante Skyline der Stadt. Hinter dem Flagstaff House beispielsweise erheben sich die beiden Türme des 1987 fertig gestellten **Lippo Centre**. Als Vorbild für die markante geometrische Fassadengestaltung dienten dem australischen Architekt *Paul Rudolph* an Bäumen hoch kletternde Koalabären.

Hongkongs Zoological and Botanical Garden liegt wie eine Naturoase in der Betonwüste

7 Hong Kong Zoological and Botanical Garden

Jaguare, Seeadler und andere Wildtiere im Großstadtdschungel.

Upper Albert Road
Bus 3 B, 12, 13 ab Central; Bus 12A, 12M, 40M, 40P, 40 ab Admiralty
Tel. 25 30 01 54
tgl. 6–22 Uhr, Gehege 6–19 Uhr, Edward Youde Aviary und Gewächshäuser: tgl. 9–16.30 Uhr

Tiergehege findet man im *Zoologischen und Botanischen Garten von Hongkong* erst seit 1975. Seine Anfänge als Landschaftspark gehen aber bereits auf das Jahr 1864 zurück. Mehr als 600 Arten von Bäumen und Sträuchern vermitteln hier ein lebendiges Bild der tropischen und subtropischen Pflanzenwelt. Man lustwandelt unter riesigen Banyakbäumen, bewundert chinesische Wasserpinien, falsche Aralien oder meterhohe Fischschwanzpalmen. Jenseits der schmiedeeisernen Gitter des Zoologischen und Botanischen Gartens setzt sich das üppige Grün im etwas bergab gelegenen Hong Kong Park fort (s. o.).

Zu den zahlreichen Attraktionen des 5,4 ha umfassenden Zoologischen und Botanischen Gartens gehören u. a. die wie ein Amphitheater gestaltete *Garden Plaza*, in der abends oft Theaterveranstaltungen stattfinden. Daneben lädt ein *Tai Chi Garden* ein, verschlungene Pfade und versteckte Nischen zu erkunden. Man kann hinter einem künstlich angelegten Wasserfall durchgehen und anschließend neben dem zartrosa gestrichenen Education Centre am oberen Parkrand das Vogelfreiluftgehege *Edward Youde Aviary* besuchen. Unter seinem riesigen Netz leben rund 30 Vogelarten, darunter Kormorane, Moorhühner und Krontauben aus Neu Guinea. An einem Teich außerhalb des Aviariums werden täglich um 10 und 15 Uhr Pelikane gefüttert.

Die rege befahrene Albany Road durchschneidet den Park. In dessen unterem Teil beherbergen weitere Tierhabitate 90 Säugetier- und 20 Reptilienarten, darunter Jaguare, Stachelschweine und weißgesichtige Saki-Affen.

8 Central-Mid-Levels Escalator

Die etwas andere Stadtrundfahrt.

Ausgangspunkt: Queen's Road Central (zwischen Queen Victoria und Jubilee Street)
Endpunkt: Conduit Road, Mid-Levels
MTR Central
abwärts: tgl. 6–10 Uhr
aufwärts: tgl. 10.20–24 Uhr

Auch verkehrstechnisch geht Hongkong neue Wege, gibt es hier doch die längste überdachte Rolltreppe der Welt, kurz **The Escalator** genannt. Eigentlich handelt es sich um eine Reihe von Rolltreppen und Laufbändern, die über eine Länge von 800 m *Central District* mit den höher gelegenen *Mid-Levels* verbindet. Morgens bringen die abwärts fahrenden Bänder unzählige Angestellte und Arbeiter von ihren Wohnvierteln zu den Arbeitsplätzen nach Central, ab 10.20 Uhr fährt The Escalator dann wieder aufwärts.

Zumindest ein Teilstück sollten auch Touristen mit dem innovativen Fortbewegungsmittel fahren. In der unteren Hälfte ist die Rolltreppe gesäumt von Shops und Läden, kleinen Garküchen und Geschäften. Im Vorbeifahren kann man die Mitglieder eines Fitnessstudios beim Trainieren beobachten, dem Friseur bei seiner Arbeit zuschauen oder die Auslagen von Mode-, Möbel- und Antiquitätengeschäften bewundern. Ein Abste-

Statt mit dem Auto fahren Hunderttausende Hongkonger mit der Rolltreppe zur Arbeit

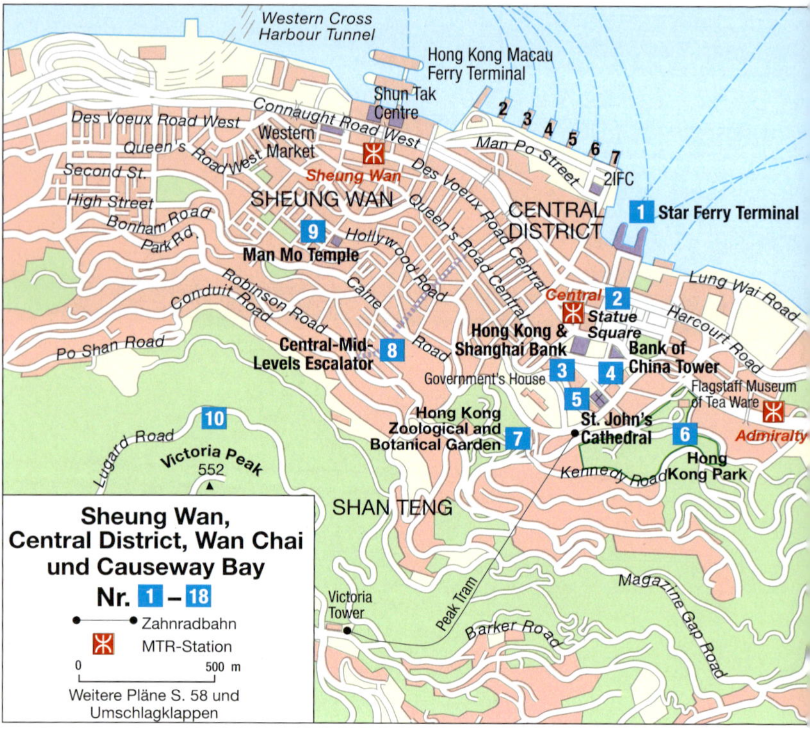

cher in das umliegende Viertel lohnt sich spätestens nach Überqueren der **Hollywood Road**, denn diese ist für ihre abwechslungsreichen Antiquitätengeschäfte berühmt.

TOP TIPP

Die unterhalb gelegenen Gassen sind rings um den Escalator gesäumt von Bars, Cafés und Restaurants. Ob portugiesisch, russisch, spanisch, deutsch oder amerikanisch – kulinarisch ist hier die ganze Welt vertreten. Westliche Reisende freuen sich über das heimatliche Flair, Chinesen genießen die Exotik, und so kommen alle auf ihre Kosten. **BoHo** nennt sich dieses

Abend- und Nachtleben in Lan Kwai Fong, SoHo und BoHo auf Hong Kong Island

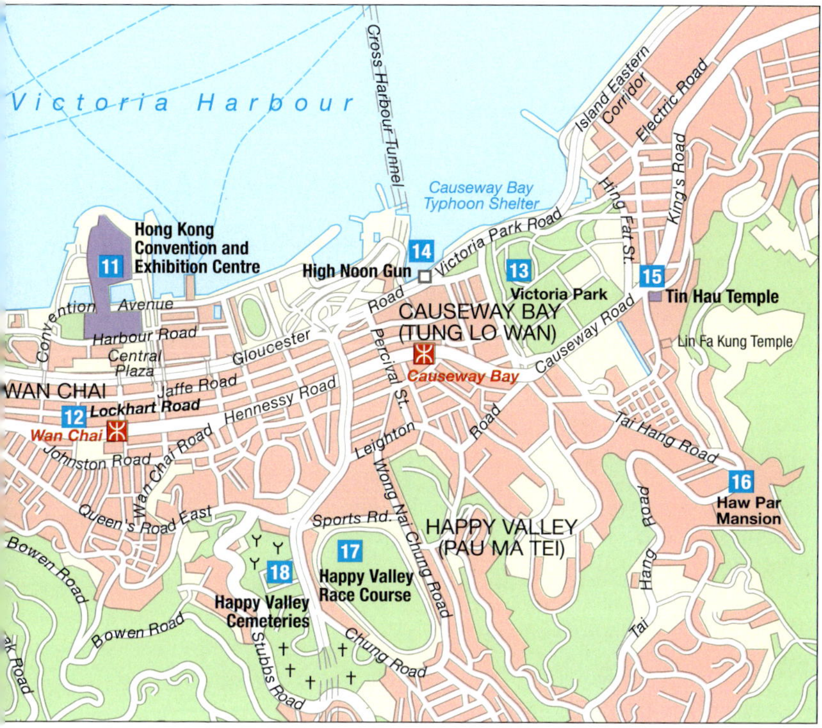

einladende Viertel, *Below Hollywood* (eig.: unterhalb der Hollywood Road). Es entstand in den 1990er-Jahren als Gegenpol zum gleichartigen, aber ungleich teureren **SoHo**, *South of Hollywood* (südlich der Hollywood Road) mit seinen bekannten Bars und Restaurants. In SoHo wiederum siedelten sich all jene an, die sich einen Laden in **Lan Kwai Fong** nicht leisten konnten oder wollten. Diese schicke ›Ausgehmeile‹ ist eigentlich eine kleine Gasse, die im Bogen von der *D'Aguilar Street* am östlichen Ende der Hollywood Road abgeht. Weitere säumen noch die benachbarte *Wyndham Road* sowie *Wo On* und *Wing Wah Lane*.

Fährt man mit dem Escalator ein Stück weiter aufwärts, erreicht man die Staunton Street. Hier befindet sich seit 1864 in einem auffälligen viktorianischen Eckhaus in trutzigem Kolonialstil die **Central Police Station**, das die Hong Kong Island Regional Police und die Central District Police noch immer als Hauptquartier nutzen. In dem massigen grauen Gebäudeblock ist auch das wenig später erbaute *Victoria Prison* untergebracht. Das gesamte vierstöckige Bauensemble steht als Declared Monument unter Denkmalschutz und soll in absehbarer Zeit zu einem Museumskomplex mit Einkaufsmöglichkeiten umgebaut werden.

Weiter oben, kurz bevor der Escalator an der *Conduit Road* seinen Endpunkt erreicht, steht linker Hand die weiße, 1915 erbaute **Jamia Moschee** mit ihrem schlanken Minarett. Eine grün überrankte Mauer umgibt das Gotteshaus, doch die von einem gemauerten Spitzbogen überspannte Pforte steht meist einladend offen.

9 Man Mo Temple

Ort der Besinnung an reger Geschäftsstraße.

Hollywood Road
MTR Sheung Wan; Bus 26
tgl. 8–18 Uhr

Kurz bevor die Hollywood Road an ihrem westlichen Ende wieder bergabwärts Richtung *Sheung Wan*, dem Hafenviertel, führt, liegt links der kleine Man Mo Tempel, einer der ältesten **Tempel** auf Hong Kong Island. Die von einem weißen Gitter mit roten Spitzen eingezäunte Anlage

Chinesisches Pantheon

Die überwiegende Mehrzahl der Chinesen bekennt sich zum taoistischen bzw. zum buddhistischen Glauben. Die Entwicklung des **Taoismus** im 3. und 4. Jh. v. Chr. wird dem legendären Philosophen Lao Tse zugeschrieben, der wiederum sich auf den etwa 200 Jahre älteren **Konfuzianismus** des Meisters Kung (ca. 551–479 v. Chr.) bezog. Diese Weltanschauung, die dem chinesischen Denken gewissermaßen zugrunde liegt, basiert auf **Gehorsam** und den fünf harmonischen **Beziehungen**: zwischen Untertan und Staat, Kindern und Eltern, Frau und Mann, Jüngeren und Älteren sowie zwischen Freunden. Konfuzianische Tugenden wie Rechtschaffenheit, Aufrichtigkeit oder Schicklichkeit werden in der chinesischen Welt nach wie vor hoch geschätzt. Weder Buddhismus noch Taoismus stehen dem entgegen. Letzterer geht vom **Tao** aus, dem durch Nachdenken nicht fassbaren Grund allen Seins, sozusagen das, ›was die Welt im Innersten zusammenhält‹. Erstrebenswert ist innere und äußere Gelassenheit, das nicht erklärbare Einssein mit dem Tao. Dies erreicht man durch **Wu Wei**, eine ausgeglichene Geisteshaltung, die oft mit ›Sein durch Nicht-Sein‹ oder ›Ohne Tun‹ umschrieben wird. Wichtigstes Lehrbuch ist das in seinen Ursprüngen nicht datierbare **Tao-Te-King**, dessen unbekannter Autor in 81 kurzen Abhandlungen die Grundlagen des Taoismus formulierte. Zu diesen gehören übrigens auch Gymnastik, Atemtechnik und Meditation als Wege zur Verlängerung des Lebens.

Der **Buddhismus** geht auf Gautama Buddha (560–480 v. Chr.) zurück, dessen

Selbst im Schatten der Hochhäuser von Mid Levels finden die Götter ihren Platz, wie hier im Man Mo Temple an der Hollywood Road

Lehre um die Auffassung vom Leben als sich stetig wiederholende leidvolle Wiedergeburt kreist. Durch Askese, Meditation und erlösende Erkenntnis kann der Mensch den Kreislauf des Lebens überwinden, sich selbst vergessen und schließlich ins **Nirvana** eingehen, sprich erlöschen. Auf dem Weg zu dieser Erlösung hilft der ›achtfache Pfad‹, der rechte Ansicht und rechtes Denken ebenso beinhaltet wie korrektes Reden, Handeln, Leben und Streben, überdies Wachsamkeit und Sammlung.

Theoretische Unterschiede zwischen den Lehren des Taoismus und Buddhismus treten in der alltäglichen Praxis viel-

am Hang besteht aus drei nebeneinander liegenden Räumen und wurde Mitte des 19. Jh. errichtet, um *Man Cheong*, den Gott der Literatur, und *Mo Kwan Yue*, den Gott des Krieges, zu ehren. Letzterer ist übrigens auch der Schutzpatron der Antiquitätenhändler. Es gibt mehrere den Göttern Man und Mo geweihte Tempel in Hongkong, doch dieser in Central District mit seinen bronzenen Löwenwächtern, den Goldtafeln und roten Lampions ist der bedeutendste und beliebteste. Gut 4 m hoch sind die üppig geschnitzten Altäre in der weihrauchgeschwängerten Mittelhalle, auf denen die Götterfiguren Platz finden. Den ganzen Tag über finden sich Gläubige ein, um hier zu beten. Auch viele Reisende besuchen das Heiligtum, was an der Nähe zur touristisch belebten **Hollywood Road** liegen mag. Jedenfalls wirbt auf dem hiesigen Tempelvorhof eine Wahrsagerin mit dem Schild ›Fortune telling, palm reading‹ auch um englischsprachige Kundschaft.

fach in den Hintergrund. In beiden Religionen spielen außerdem **Ahnenverehrung** und **Wertschätzung des Alters** eine große Rolle, hierin stimmen sie auch mit dem chinesischen Konfuzianismus überein.

Taoisten und Buddhisten beten in denselben Tempeln, eine tolerante Religionsausübung, die auch dadurch begünstigt wird, dass die Götterwelt beider in weiten Teilen identisch ist. Dieses riesige **Pantheon** ordnet jedem Aspekt des menschlichen Daseins eine göttliche Wesenheit zu. Dazu kommen unzählige vergöttlichte Sterbliche sowie weitere himmlische bzw. höllische Zwischenwesen, Schutzgötter und Dämonen, Haus-, Lokal- und Naturgeister. Sie alle müssen mit Gebeten, Weihrauch und Opfergaben bedacht werden, will man sich ihr Wohlwollen erhalten und nicht ihren Unmut auf sich ziehen.

In Hongkong genießt besonders die taoistische Meeresgöttin **Tin Hau**, die Fischer und Seeleute beschützt, große Verehrung; in Macau ist sie als **A Ma** bekannt. Ihre Tempel werden stets an der Küste errichtet, doch viele der älteren stehen heute nach Neulandgewinnungen ein gutes Stück im Landesinneren. Meist gemeinsam treten **Man**, der Gott der Literatur, und **Mo**, der rotgesichtige Kriegsgott, auf. Letzterer erscheint auch häufig in der Person des **Kuanti**, ein Gott, der sowohl für Gesetzeshüter und als auch für Kriminelle zuständig ist. Und es findet sich immer ein Grund, zu **Kun Iam** oder **Kuan Yin** zu beten, ist sie doch die mächtige Göttin der Gnade. Viele Tempel enthalten außerdem Bildwerke der 60 **Tai Sui**, der Jahresgötter, oder Darstellungen der acht Unsterblichen, die einmal Menschen waren – jedoch von untadeligem Lebenswandel.

Neben dem Man Mo Tempel weist ein Schild die steilen Treppenfluchten hinauf zum **Museum of Medical Science** (2 Caine Lane, Tel. 25 49 51 23, www.hkmms.org.hk, Di–Sa 10–17, So/Fei 13– 17 Uhr). Es präsentiert seine interessant-skurrile Sammlung medizinischer Gerätschaften und ost-westlicher Medizingeschichte in dem schmucken, 1905 erbauten edwardianischen Backsteingebäude, das zuvor das Bakteriologische und das Pathologische Institut der Stadt beherbergte.

10 Victoria Peak

TOP TIPP

Der höchst gelegene Aussichtspunkt Hongkongs bietet bei klarer Sicht einen traumhaften Blick über die Stadt.

Bus 15; Peak Tramway
www.thepeak.com.hk

Der Victoria Peak, dessen chinesischer Name Tai Ping Shan ›Berg des großen Friedens‹ bedeutet, ist mit 554 m die höchste Erhebung von Hong Kong Island. Bei klarem Wetter gehört ein Blick von dem immerhin noch 379 m hoch gelegenen Aussichtsturm **Victoria Tower** (tgl. 7–24 Uhr), auch *The Peak Tower* genannt, zu den Höhepunkten eines Hongkong-Besuchs: Unterhalb der dicht bewaldeten Bergflanke liegt dem Betrachter das Häusermeer der Großstadt zu Füßen. Deutlich erkennt man den Bank of China Tower oder das 2IFC, doch selbst diese gigantischen Bürotürme wirken von oben wie Bauklötzchen. Dasselbe gilt für den riesigen Hafen im Nordwesten, in dem winzig erscheinende Schiffe ihre Bahn ziehen. Mitunter kreuzt ein Luxusliner die Durchfahrt des *Victoria Harbour* zwischen Hong Kong Island und Kowloon, dessen Hochhausfluchten im Norden in die grünen Hügel der New Territories übergehen. Die noch schemenhaft erkennbaren Bauten im Osten stehen auf dem Boden von Mainland China.

Nostalgischer Zug: Seit gut 100 Jahren erklimmt die Peak Tramway den Victoria Peak

Der von *Terry Farrell* geplante und 1995 eröffnete Aussichtsturm auf dem Peak wird oft mit einer Skisprungschanze verglichen, verständlich angesichts seines kühn geschwungenen Dachs. Er erhielt erst vor Kurzem ein Facelifting und ist teils gewerblich genutzt, etwa von einem **Café**, das sich das grandiose Panorama von seinen Gästen teuer bezahlen lässt. Außerdem beherbergt der Turm **Madame Tussauds** (Tel. 31 28 82 88, www.madame-tussauds.com.hk, tgl. 11–20 Uhr) Wachsfigurensammlung sowie **Ripley's Believe it or Not Odditorium** (Tel. 28 49 06 98, tgl. 9–20 Uhr), das in poppig-psychedelischem Ambiente allerlei Kuriositäten dokumentiert. Ein Erlebnis ist auch der **Peak Explorer** (Tel. 28 49 08 66, Mo–Fr 12–22, Sa/So 9–22 Uhr), ein Fahrsimulator für 36 Personen, der im Laufe eines 8-Minuten-Films jede Bewegung auf der Leinwand mitmacht.

Der Peak galt bereits im 19. Jh., als in den Sommermonaten Malaria und andere Tropenkrankheiten in den tiefer gelegenen Stadtvierteln wüteten, als bevorzugtes Wohngebiet. Doch erst mit der Eröffnung der Zahnradbahn **Peak Tram** (tgl. 7–24 Uhr, alle 10–15 Min.) 1888 konnte der steile Hügel mit modernen Verkehrsmitteln erschlossen werden. Die Bergstation der Zahnradbahn liegt im Untergeschoss des neuen Victoria Tower. Die beiden gegeneinander laufenden Wagen befördern Bewohner und Besucher von der Talstation südwestlich der St. John's Cathedral (Shuttle Bus 15 C ab MTR Cen-

Oben: *Verwandlungskunst – Hongkong in der Abenddämmerung vom Victoria Peak aus*

Unten: *Opfertisch, Skischanze, Aussichtsturm? Am Victoria Tower scheiden sich die Geister*

tral) auf den Victoria Peak, wobei sich durch das dichte Grün immer wieder atemberaubende Ausblicke auf Hongkong bieten. Doch das Vergnügen ist nur von kurzer Dauer, ganze sieben Minuten benötigt die Bahn für eine Fahrt. Eindrucksvoller ist jedoch die Anfahrt zum Aussichtsturm mit der Buslinie S 15 vom Busbahnhof nahe der Star Ferry.

Im Bereich des Victoria Peak bieten sich bei schönem Wetter zwei landschaftlich eindrucksvolle **Wanderungen** an, die beide am Victoria Tower beginnen und für die man je etwa zwei Stunden einplanen sollte. Entlang Lugard Road und Harlech Road kann man auf dem **Pok Fu Lam Path** den Victoria Peak umrunden. Der eine Weg führt durch schattigen Wald und wird bei guter Fernsicht immer wieder von weiten Ausblicken auf das zu Füßen liegende Hongkong bzw. auf das Südchinesische Meer mit den Inseln *Lantau* und *Lamma* gekrönt. Die andere Route führt direkt auf die Bergspitze. Besonders schön ist der Blick über Hong Kong Island, den Hafen und Kowloon während der Abenddämmerung, wenn der Himmel rötlich schimmert und die Lichter der Hochhäuser nach und nach angehen.

Wer nicht bis abends auf dem Peak verweilen möchte, kann auf den ausgeschilderten Pfaden des **Bowen Trail** in etwa ein bis zwei Stunden in die Stadt hinuntersteigen. Nach einigen Hundert Metern zweigt eine schmale Treppe nach links unten ab. Der weitere Weg ist nur teilweise ausgebaut, führt aber sehr schön an der Hügelflanke entlang Richtung Osten. Eine herrliche Aussicht bietet der Platz um **Lover's Rock**, ein annähernd rechteckiger, 5 m hoher Felsen, der am Rand eines kleinen Plateaus aufragt. An diesem Ort bitten vor allem Frauen die überirdischen Mächte um Beistand in Liebesangelegenheiten und Heiratsfragen. Sie schreiben ihre Wünsche auf rote Stoff- oder Papierstreifen, die sie an den Felsen heften. Der wirkt durch diese im Wind flatternden Angebinde tatsächlich wie ein Bote aus einer anderen Welt. Nur kurze Zeit später erreicht man die Wan Chai Gap Road, der man vollends hinab ins bereits vertraute wirblig-wuslige Victoria folgen kann.

PHILIPS

CSL SHOP
SALON
82
SPC 美國太平洋信貨有限公司
HAPPY VALLEY
SPC「置安樂」熱線：
2501 8853
EXPO

Wan Chai und Causeway Bay – Messezentrum und Einkaufsparadies

Das Stadtviertel **Wan Chai** ist als ›Welt der Suzie Wong‹ berühmt-berüchtigt, seit 1957 der Schriftsteller und Globetrotter *Richard Mason* den gleichnamigen Roman über die hier tätige Hure mit dem großen Herzen herausbrachte. Tatsächlich wird auf der **Lockhart Road** und in mancher Nebenstraße Interessierten noch heute jedes nur erdenkliche Angebot unterbreitet, glitzern die Neonreklamen und kämpfen Schlepper marktschreierisch um jeden Kunden. Doch das Viertel hat weit mehr zu bieten, denn neben den einschlägigen Etablissements locken ausgezeichnete Restaurants und zahlreiche Juweliere präsentieren ihre funkelnde Ware. Internationales Renommee gewann Wan Chai nicht zuletzt mit dem seinerzeit Aufsehen erregenden Neubau des **Hong Kong Convention and Exhibition Centre**, dem Kongress- und Messezentrum an der Hafenfront, in dem im Juli 1997 die Rückgabe Hongkongs an China gefeiert wurde.

Lange Zeit war das Viertel **Causeway Bay** im Osten von Central und Wan Chai beinah in Vergessenheit geraten. Dabei geht es in den Straßen von Causeway Bay – einem wahren Einkaufsparadies, in dem das Angebot von Designeroutfit bis zu traditioneller chinesischer Medizin reicht – bis in die späte Nacht hinein äußerst lebhaft zu. Ruhepol ist der **Victoria Park**, vor allem wenn hier am frühen Morgen Freunde des Tai Chi ihre Übungen absolvieren.

Unweit davon befinden sich am **Typhoon Shelter** Klubhaus und Liegeplätze des traditionsreichen *Royal HK Yacht Club*. In dem Sturmhafen liegen neben schnittigen Jachten auch weniger schmucke *Wohndschunken* und *Sampans* vor Anker, auf denen noch heute einige Familien von Boat People aus Vietnam leben. Ein Relikt aus der Kolonialzeit ist **High Noon Gun**, aus der seit Mitte des 19. Jh. täglich um Punkt 12 Uhr ein Salutschuss abgefeuert wird. Auch die Begeisterung der Hongkonger für den Pferdesport geht auf die britische Epoche zurück. Und so gehört der Besuch eines Pferderennens im **Happy Valley Race Course** sicherlich zu den stimmungsvollsten Erlebnissen einer Hongkong-Besichtigung.

11 Hong Kong Convention and Exhibition Centre

Kühn-kühle Architektur in Stahl und Glas.

1, Harbour Road
MTR Wan Chai

1988 wurde nach nur zweijähriger Bauzeit direkt an der Hafenfront gegenüber der Südspitze von Kowloon das Hong Kong Convention and Exhibition Centre eröffnet, ein Komplex aus mehreren spiegelverglasten Hochhäusern. Auf der riesigen Fläche von 31 100 m² entstanden Messehallen und Konferenzräume sowie zwei internationale Luxushotels und ein Apartmentturm. Die Baukosten betrugen 2,5 Mrd. HK-$. Bereits nach wenigen Jahren konnte das eigentlich recht großzügig konzipierte HKCEC den zahlreichen Anfragen aus aller Welt nach Messe- und Konferenzplätzen nicht mehr entsprechen, sodass eine Erweiterung notwendig wurde.

◁ **Oben:** *Wellengang auf dem Dach des Hong Kong Convention and Exhibition Center*
Unten: *Mit der Straßenbahn ins Glück – Tramway nach Happy Valley*

Abenteuer oder Augenwischerei? Grell bunte Botschaften in der Lockhart Road ▷

Für diesen **Neubau**, der mittels mehrerer Übergänge mit dem älteren Komplex verbunden ist, musste ein Teil des Hafenbeckens zugeschüttet werden. Das ehrgeizige Unternehmen verschlang weitere 4,8 Mrd. HK-$, doch immerhin konnte die Ausstellungsfläche noch einmal verdoppelt werden. Damit sollte das Centre, das 1997 der Öffentlichkeit übergeben wurde, für die nächsten Jahre gut gerüstet sein. Auch architektonisch hat der Anbau einiges zu bieten. Die geschwungenen aluminiumgrauen Dächer sind den Flügeln eines Seevogels nachempfunden. Damit hat die Hafenfront von Hong Kong Island einen Blickfang erhalten, der sich dem Betrachter am besten vom Wasser bzw. von Kowloon aus erschließt. Ausgestattet mit moderner Logistik und Konferenztechnik, bot sich das Convention and Exhibition Centre als idealer Veranstaltungsort an, um am 30. Juni 1997 die feierliche **Rückgabe** Hongkongs an China zu zelebrieren. Heute geht es in den Hallen weniger formell zu, und auch ohne Eintrittsticket zu einer der stets stattfindenden Ausstellungen kann man bei einer Erfrischung im *Cybercafé* das prächtige 180-Grad-Panorama des Victoria Harbour und den Blick auf Kowloon genießen.

Auf der Landseite erhebt sich hinter dem HKCEC das silberglänzende **Central Plaza**, bei seiner Eröffnung 1993 das höchste Gebäude in Hongkong, seit 2003 aber vom *Two International Finance Centre (2 IFC)* entthront. Mit seinen 374 m lässt der 78-stöckige Büroriese alle umstehenden Hochhäuser geradezu winzig erscheinen. Besondere Attraktion für Hongkong-Besucher ist die frei zugängliche Aussichtsplattform im 46. Stockwerk. Nachts ist die Turmspitze übrigens mit vier umlaufenden Lichtreihen erleuchtet, die auch als Uhr dienen: Die unterste zeigt die Stunde an (rot = 18 Uhr, weiß = 19 Uhr, purpur = 20 Uhr, gelb = 21 Uhr, rosa = 22 Uhr und grün = 23 Uhr). Wenn die oberste Reihe sich farblich absetzt, ist es 15 Minuten nach einer vollen Stunde, 30 Minuten sind vergangen, wenn jeweils die beiden oberen und unteren gleich gefärbt sind, und wenn die unterste Lichtebene eine andere Farbe hat als die oberen drei, ist es 15 Minuten vor der vollen Stunde.

12 Lockhart Road

TOP TIPP

Hongkongs ›sündige Meile‹ verwandelt sich untertags in ein Einkaufsparadies.

MTR Wan Chai

Eindeutige Angebote erhalten Mann oder Frau auf der Lockhart Road zuhauf, zumindest nachts. Auch in der parallel verlaufenden *Jaffe Street* drängen sich dann die Neugierigen auf den breiten Gehwegen. In bunter Mischung genießen amüsierfreudige Touristen, Matrosen und Müßiggänger das abendliche Flair, die bunten Neonreklamen und das so offensichtlich Halbseidene.

Wer bei Tageslicht durch Wan Chai bummelt, entdeckt dagegen das ansprechende Bild eines typischen chinesischen **Wohn-** und **Geschäftsviertels**. Schaufenster und Auslagen zeigen das vielfältige Warenangebot Hongkongs, aus den zahlreichen Restaurants und Garküchen duftet es verlockend. Vor allem in den Straßen südlich der Hauptverkehrsader *Hennessy Road* wird es dann eher volkstümlich. In der **Queens Road East** beispielsweise konzentrieren sich die Möbelgeschäfte mit Rattan- und Rosenholzinterieur.

Zum Abschluss eines Bummels lohnt es sich, östlich des unspektakulären *Tai Wong* oder *Hung Shing Temple* im **Hope-**

well Centre einen der gläsernen Außenlifte zu besteigen und auf dem Weg in die 56. Etage die Sicht über die Stadt zu genießen. Im obersten Stockwerk befindet sich das Drehrestaurant *Revolving 66*.

13 Victoria Park

Schattenboxen und Basketball in den größten öffentlichen Grün- und Sportanlagen der Stadt.

MTR Causeway Bay

Im ausgedehnten Stadtpark von Hongkong versammeln sich allmorgendlich Hunderte Menschen zu **Tai Chi** und anderen Übungen. Wer mitmachen oder die gesundheitsbewussten Freiluftfans beobachten will, muss allerdings früh aufstehen: Schon bei Sonnenaufgang strömen die meist älteren Chinesen in den Park. Jede Stange, jedes Mäuerchen, jede Parkbank wird dann zu einem Übungsgerät umfunktioniert, und alleine oder in kleinen Gruppen werden Arme im Kreis geschwungen, Rümpfe gebeugt, Wirbelsäulen gestreckt und Köpfe gewiegt. Auf Chinesisch klingt das freilich weitaus inspirierender, wenn von ›Den Drachen fangen‹, ›Himmelskreise‹ oder ›Wecke die Lebensenergie‹ die Rede ist.

Auch tagsüber nutzen viele, diesmal meist junge Menschen die zahlreichen **Sportmöglichkeiten** des Parks. Neben den ausgedehnten Rasenflächen gibt es Freibad, Fußballfeld, Tennisplätze, Rollschuhbahnen und mehrere Basketballcourts, die meisten Anlagen sind frei zugänglich. Sonntags picknicken einheimische Familien und philippinische Kindermädchen gern unter den weit ausladenden schattigen Bäumen.

14 High Noon Gun

TOP TIPP

Mittäglicher Salutschuss zur Erinnerung an einen erfolgreichen Geschäftsmann.

Victoria Park Road
MTR Causeway Bay

Mitte des 19. Jh. war es üblich, den vorsitzenden Tai Pan des großen Hongkonger Handelshauses *Jardine, Matheson & Co.*, das besonders durch Opiumhandel [s. S. 13] zu Macht und Reichtum gekommen war, beim Ein- oder Auslaufen seiner Schiffe mit einem **Salutschuss** zu grüßen. Diese Sitte empfand der damalige britische Gouverneur als Anmaßung. Da er aber das Gewohnheitsrecht nicht unterbinden konnte, verurteilte er Jardine dazu, künftig jeden Tag selbst einen Schuss abgeben zu lassen. Diese Pflicht erfüllt das noch immer bestehende Handelshaus Jardine bis heute: Täglich, Schlag

Schießerei um 12 Uhr mittags – in Hongkong täglicher Salut aus der High Noon Gun

12 Uhr mittags, feuert ein livrierter Bediensteter aus der High Noon Gun einen dröhnenden Schuss über den Hafen ab.

Jeden Tag versammelt sich eine kleine Gruppe von Gästen bei der heutigen, 1905 von der britischen Marine erworbenen Kanone, um dem Ereignis beizuwohnen. Die High Noon Gun befindet sich jenseits der stark befahrenen *Victoria Park Road*, die aber an dieser Stelle nicht überquert werden kann. Der einzige Weg führt daher durch die schlecht ausgeschilderte Tiefgarage des Excelsior Hotel, die rot berockten Sikh-Türsteher des Hotels sind Touristen gern mit Hinweisen behilflich. Auf der anderen Straßenseite ist unmittelbar an der Kaimauer oberhalb des Taifunschutzhafens ein etwa 8 × 8 m großes Quadrat von einem schmiedeeisernen Gitter mit vergoldeten Spitzen eingezäunt. In seiner Mitte steht auf einem niedrigen Sockel die kleine, schwarze Kanone, Lauf und Messingteile sind blank poliert. Nach einem zehnsekündigen Countdown zieht der Jardine-Bedienstete an einem Seil den Revolverabzug der Kanone. Man tut gut daran, sich die Ohren zuzuhalten, denn der Schuss kracht lauter als erwartet über die Dschunken und Außenborder im Hafenbecken. Anschließend gibt es Gelegenheit, Erinnerungsfotos mit dem Uniformierten vor der Kanone zu schießen, dann wird die High Noon Gun sorgfältig in ein Wachstuch gehüllt, das Tor abgesperrt und nach insgesamt 15 Min. ist die traditionsreiche Veranstaltung auch schon wieder beendet.

15 Tin Hau Temple

Kleine Tempelanlage für die Schutzpatronin der Fischer und Seefahrer.

Tung Lo Wan Road
Tramway North Point
tgl. 8–18 Uhr

Einst erhob sich dieser der bedeutenden taoistischen Meeres- und Himmelsgöttin *Tin Hau* geweihte Tempel auf einem Hügel unmittelbar am Ufer von Hong Kong Island. Heute, nach größeren Landgewinnungsprojekten, liegt er ein gutes Stück landeinwärts unweit der südöstlichen Ecke des Victoria Park. Die einfache, überwiegend in Rot, der Farbe des Glücks, gehaltene Anlage ist vermutlich bereits im 17. Jh. entstanden. Die Reliefs an den Außenwänden und auch die bunt bemalten, Szenen des täglichen Lebens darstellenden Zierfriese darunter, deren Figuren zum Teil verwittert sind, deuten auf ein beträchtliches Alter hin. Die vier nebeneinander liegenden Gebetsräume sind mit goldglänzenden Stoffen reich geschmückt. Bis zu mannshohe Götterfiguren stehen zum Teil hinter Glas auf mehreren Schreinen, und die Luft ist erfüllt vom Weihrauchnebel unzähliger Räucherspiralen, die von den rußgeschwärzten Deckenbalken hängen. An jede Spirale ist ein roter Zettel geheftet, auf dem gläubige Spender eine Bitte notiert haben. Wenn die Glut den Weihrauch vollständig zu Asche verwandelt hat und letztendlich auch das Papier verglimmt, steigt der Wunsch zu den Göttern auf – wo er dann hoffentlich erhört wird.

Einige hundert Meter bergauf liegt ebenfalls in der Tung Lo Wan Road der kleine, 1999 von Grund auf renovierte **Lin Fa Kung Temple** (tgl. 7–17 Uhr). Er ist der gleichnamigen Göttin der Barmherzigkeit gewidmet. Ungewöhnlich ist der achteckige Grundriss des Gebäudes. Im Inneren führt neben dem Schrein mit der bunt geschmückten Figur der Göttin eine schmale Holztreppe auf eine Galerie. Die Wände oben sind mit Tierkreis- und Jahreszeichen geschmückt. An der gegenüberliegenden Wand kann man über den üblichen Räucherspiralen einen glitzernden Stoffdrachen mit löwenähnlichem Haupt ausmachen. Bis zu 100 Männer sind nötig, um solche auf Stöcken montierte Drachen während des jährlichen Herbstfestes durch die Straßen der Stadt

Nur nicht das Gesicht verlieren

Auf den ersten Blick wird man bei den Menschen in den Straßen und Geschäften Hongkongs jene viel beschworene chinesische **Höflichkeit** vielleicht vermissen, so ruppig und grob scheint hier mitunter der Umgangston. Doch wie überall auf der Welt bleibt auch in dieser hektischen Großstadt nicht immer Raum und Geduld für zuvorkommendes Verhalten. In jedem Fall sollte man wissen und beachten, dass sich die gültigen Benimmregeln in manchen Punkten von den europäischen unterscheiden. Zum Beispiel ist Ausspucken in der Öffentlichkeit nichts Negatives, jedenfalls nicht, wenn man wartet, bis andere Passanten vorbeigegangen sind. Im direkten Umgang mit einem Gegenüber sollte man sich stets dezent und zurückhaltend benehmen, d.h. bei aller beabsichtigten Bestimmtheit weder laut sprechen noch heftig gestikulieren oder gar ein ausgeprägtes **Mienenspiel** an den Tag legen. In der Menge scheinen freilich diese Regeln des höflichen Miteinanders nicht zu gelten: In Menschentrauben vor Ständen oder Schaltern herrscht oft ein Drängen und Schieben, ein Schreien und Fluchen, dass einem Angst und Bange werden kann. Andererseits werden selbst inmitten eines solchen Chaos' **alte Menschen** stets mit großem Respekt und hilfsbereiter Rücksichtnahme behandelt.

Der Reisende sollte im Gespräch mit Einheimischen auf keinen Fall, auch nicht unterschwellig, **Kritik** an Heimatland, lokalen Traditionen, Politik oder gar an der Familie des Gegenübers äußern. Junge Menschen behaupten zwar nicht selten, in dieser Hinsicht aufgeschlossen zu sein, doch auch ihnen kann westliche Offenheit schnell zuviel werden. Wenn der Gesprächspartner plötzlich verstummt, weiß man, dass man etwas falsch gemacht hat. Ausgesprochen gern beantwortet werden dagegen interessierte Fragen nach der Familie.

Sehr häufig werden **Visitenkarten** ausgetauscht, die man mit beiden Händen überreicht. Höflicherweise nimmt man sie auch mit beiden Händen entgegen, betrachtet den Schriftzug aufmerksam und macht am besten eine nette Bemerkung, z.B. über die sorgfältige Gestaltung oder das schöne Papier. Genau entgegengesetzt verhält man sich beim Austausch von **Geschenken**, die in der Regel ungeachtet ihrer Bedeutung wie nebenbei überreicht werden. Der oder die Beschenkte legt die Gabe dann scheinbar achtlos beiseite, um sie erst später im Privaten zu öffnen.

zu tragen. Mit ihrer Hilfe erwachen die Figuren geradezu zum Leben, tanzen, drehen und winden sich mit erstaunlicher Behändigkeit – ein beeindruckendes Schauspiel.

16 Haw Par Mansion

Anmutige Jugendstil-Villa im Kreis von himmelwärts strebenden Hochhausriesen.

Tai Hang Road
Bus 11

Die Geschichte beginnt märchenhaft: Es waren einst zwei Brüder aus einfachen Verhältnissen, Aw Boon Haw (›milder Tiger‹, 1882–1954) und Aw Boon Par (›sanfter Leopard‹, 1888–1944). Die beiden brachten unter dem Namen Tigerbalsam eine kräftig riechende, wärmende Heilsalbe auf den Markt, die als wirksame Arznei vor allem bei Erkältungs- und Bronchialbeschwerden schnell ihren Siegeszug um die Welt antrat. Bald war die Familie Aw sagenhaft reich und leistete sich 1937 eine exklusive Jugendstil-Villa hoch oben am steilen grünen Hang von Caroline Hill mit weiter Aussicht über das Nordufer von Hong Kong Island und Victoria Harbour. Um dieses Haw Par Mansion herum ließ Boon Haw auf 3,2 ha einen Terrassengarten zur Erbauung der Bevölkerung anlegen. Besucher dieses Aw Boon Haw Garden oder Tiger Balm Garden sollten durch den Anblick der grellbunt bemalten skurrilen Fabelwesen, Götter- und Tiergestalten auf den Pfad der Tugend geführt werden.

Ende des 20. Jh. musste Sally Aw Sian, Tochter des Parkgründers, das Garten- und Villengrundstück verkaufen. Finanzkräftige Interessenten, die bereits Bau-

Was vom Garten übrig blieb: Haw Par Mansion soll ein Museum werden

pläne für das erstklassige Areal in bester Wohnlage in der Schublade bereit hielten, waren schnell zur Hand. Auflagen zum Schutz des beliebten Aw Boon Haw Garden gab es nicht, und so fielen die farbenprächtigen Tiger und Drachen, die künstlichen Tropfsteinhöhlen und zierlichen Pavillons der Abrissbirne zum Opfer. In buchstäblich letzter Minute übernahm die Stadtverwaltung Haw Par Mansion mitsamt kompletter Art-Deco-Einrichtung sowie einen kleinen, oberhalb der Villa gelegenen Rest des Gartens. Die Zukunft dieser Baudenkmäler ist ungewiss, doch sollen sie wohl einmal der Öffentlichkeit zugänglich gemacht werden – Relikte der Vergangenheit inmitten hoch aufragender Zeugen der neuen Zeit.

17 Happy Valley Race Course

TOP TIPP *Alles Glück dieser Erde liegt auf dem Rücken der Pferde – hoffen Hongkongs Wettfreunde.*

Wong Nai Chung Road
Bus 1; Tramway Happy Valley

Im ›Glücklichen Tal‹ hat tatsächlich schon so mancher sein Glück gemacht und manch anderer alles verloren – beim Pferderennen. Ursprünglich wollten sich hier Mitte des 19. Jh. die britischen Kolonialherren ansiedeln. Da das Gebiet damals jedoch noch malariaverseucht war, wich man an die gesünderen Hänge des Peak aus und errichtete in Happy Valley statt dessen die erste der beiden **Pferderennbahnen** von Hongkong. Sie wird ebenso wie die 1978 in *Sha Tin* [s. S. 71] in den New Territories eröffnete Anlage vom 1884 gegründeten **Hong Kong Jockey Club** (HKJC) betrieben. Der noch heute wie zu britischen Zeiten elitäre Klub gilt als heimliche Regierung von Hongkong, da sich hier die maßgeblichen Wirtschaftsbosse und Tycoone treffen, ihre Geschäfte besprechen und informelle Vereinbarungen treffen. Andererseits ist der wohlhabende Jockey Club in dieser Weltmetropole des Kapitalismus einer der wichtigsten öffentlichen Wohltäter. Er fördert mit einem Großteil seiner Einkünfte regelmäßig soziale und kommunal orientierte Einrichtungen: Kindergärten, Altenheime, Krankenhäuser, öffentliche Parks, Sportanlagen, Spielplätze, Kunst, Kultur usw.

Das **Wetten** bei Pferderennen ist neben der ebenfalls vom HKJC organisierten *Mark Six Lottery* das einzige in der Stadt zugelassene Glücksspiel. Und die wettbegeisterten Chinesen nutzen diese Gelegenheit ausgiebig: Während der Saison (Sept.–Juni) werden im Happy Valley jeden Mittwoch ab 19 Uhr Galopprennen ausgetragen. An jedem dieser Abende füllen rund 35 000 Zuschauer die Ränge um das weite Oval des *Racing Course* (ab 21 Uhr Eintritt frei) – und setzen an jedem Renntag mehrere Hundert Millionen HK-$ auf ihre Favoriten!

Eine erste einfache Sandrennbahn hatten englische Offiziere an dieser Stelle bereits in den 1840er-Jahren anlegen lassen. Das wenig später errichtete Stadion brannte 1918 bis auf die Grundmauern nieder, 600 Menschen kamen in den Flammen ums Leben. Die heutige Anlage ist auf dem neuesten Stand der Technik. Über dem Haupteingang an der Südwestkurve zeigt im ersten Stock des Verwaltungsgebäudes das **Hong Kong Racing Museum** (Tel. 29 66 80 65, Di–So 10–17 Uhr) historische Fotografien sowie Trophäen, Jockeyuniformen und andere Erinnerungsstücke aus der Geschichte des Klubs – Exponate zu berühmten Reitern und erfolgreichen Pferden. Außerdem bieten die Panoramafenster einen weiten Blick über die Rennbahn.

Pferdeduft und Höhenluft bieten die steilen Tribünen des Happy Valley Race Course

18 Happy Valley Cemeteries

Menschen aller Glaubensrichtungen haben im ›Glücklichen Tal‹ ihre letzte Ruhestätte gefunden.

Wong Nai Chung Road
Bus 1; Tramway Happy Valley
tgl. 8–18 Uhr

Gegenüber der Rennbahn, jenseits der verkehrsreichen Wong Nai Chung Road, wurde der lang gestreckte Südhang von Happy Valley für viele Einwanderer zur letzten Ruhestätte. Einträchtig nebeneinander, wenngleich auf getrennten Friedhöfen, wurden hier Juden, Parsen, Katholiken und sunnitische Muslime bestattet. Der 1855 angelegte *Jewish Cemetery* liegt etwas oberhalb an der Shang Kwong Road, darunter reihen sich *Parsee Cemetery*, *Hong Kong Colonial Cemetery*, *St. Michael's Roman Catholic Cemetery* und *Muslim Cemetery* aneinander. Besonders interessant ist ein Rundgang über den 1847 ausgewiesenen Kolonialfriedhof. Anhand der Inschriften auf den teils schon stark verwitterten Grabsteinen erfährt man einiges über das Schicksal der frühen Siedler, über militärische Konflikte, aber auch über die tropischen Krankheiten, denen sie reihenweise zum Opfer gefallen sind. Auch Englands erster Handelsbevollmächtigter in China, der 1834 in Hongkong verstorbene Lord William John Napier (* 1786), ruht hier.

Hong Kong Colonial Cemetery, letzte Ruhestätte für Kolonialbeamte wie für Kapitäne

Kodak
EXPRESS
SHORTS. SOCKS
STANLEY'S SELECTION
第三街
Samsonite
End

Das südliche Hong Kong Island – Badebuchten und Fischerdörfer

So klein Hong Kong Island auf den ersten Blick auch wirkt, so unterschiedlich sind die Gesichter der Insel, und so viel gibt es dort zu entdecken. Für Wanderungen im bewaldeten hügeligen Inselinneren, etwa auf dem rund 50 km langen **Hong Kong Trail**, der vom *Peak* bis nach *Shek O* an die Ostküste führt und immer wieder herrliche Ausblicke über die Insel und über das Südchinesische Meer eröffnet, wird den meisten Besuchern der asiatischen Metropole die Zeit fehlen. Doch lohnt es sich durchaus, Hong Kong Island auf eigene Faust beispielsweise mit öffentlichen Bussen zu erkunden. Vom *Busbahnhof* in Central [s. S. 21] kann man die entlegensten Winkel der Insel ansteuern. Ein vor allem bei Familien mit Kindern beliebter Tagesausflug führt zum Vergnügungspark **Ocean Park**, wo Wasserrutschen, Aquarien und Historienshows reichlich Unterhaltung bieten. Im benachbarten **Aberdeen**, einst für seinen malerischen Hafen berühmt, liegen in langen Reihen die letzten Wohndschunken vor Anker. An der Südküste von Hong Kong Island locken einige schöne Buchten. Interessant ist auch ein Besuch von Strand und Markt in der ›Ausländerenklave‹ **Stanley** oder des kleinen, unter Chinesen beliebten Badeortes **Shek O**, der sich von den Fischerdörfern an der Südküste noch am ehesten seine Ursprünglichkeit bewahrt hat.

19 Ocean Park

Vergnügungspark mit Marinezoo, aufregenden Wasserspielen und bunten Shows.

Ocean Park Road
Bus 29 R, 41 A, 48, 72, 73 bis Wong Chuk Hang Road, kostenpflichtiger parkeigener Zubringerbus 629 ab Admiralty
www.oceanpark.com.hk
tgl. 10–18 Uhr

Mindestens vier Stunden sollte man für den Besuch des Vergnügungsparks auf der Halbinsel *Shum Shui* zwischen Aberdeen und Deep Water Bay einplanen, an Wochenenden oder Feiertagen wegen des enormen Besucherandranges jedoch mehr. Immerhin befindet sich auf dem 87 ha umfassenden Gelände neben Spielplätzen, Wassergärten, Aviarien, Reptilien- und Schmetterlingshäusern u. a. das größte **Ozeanarium** Asiens, Heimat von Pinguinen und Seelöwen. Spektakulär ist ein Gang durch die Plexiglasröhren des **Tiefseeaquariums**, wo man sogar Haie und Rochen beobachten kann. Insgesamt bietet dieses künstliche **Atoll Reef** naturnahen Lebensraum für mehr als 4000 Fische und Meeresbewohner.

Im **Middle Kingdom**, einem nachgebauten chinesischen Dorf aus der Sung-Zeit (960–1279) – komplett mit einstöckigen Wohnhäusern und einer Tempelanlage – zeigen Silberschmiede und Steinschnitzer alte Handwerkstechniken. Daneben präsentieren originalgetreu gekleidete Gruppen historische Tänze. Im benachbarten **Zoo** ist man besonders stolz auf die beiden Riesenpandabären An An und Jia Jia, die als Geschenke der chinesischen Regierung hierher kamen.

Eine weitere Attraktion ist die 1,4 km lange **Seilbahn**, die 1999 von den tiefer gelegenen Abschnitten des Parks auf die 205 m hoch gelegenen *Headlands* führt. Schon die achtminütige Gondelfahrt mit dem weiten Blick über das inselgespickte

◁ **Oben:** *Hafenromantik im Wandel – Motordschunken vor Hochhäusern in Aberdeen*
Mitte: *Marktstraße im Süden – Stanley Market ist bei Touristen sehr beliebt*
Unten: *Überraschung im Unterholz – Dinosaurierrekonstruktion im Ocean Park*

Bambus satt für den seltenen Riesenpandabären im Ocean Park

Südchinesische Meer ist ein Erlebnis. Wer statt dessen lieber läuft, kann für den Weg nach oben auf die lange *Rolltreppe* ausweichen, deren Benutzung zudem nicht extra kostet. Den **Panoramablick** kann man dann noch einmal von der Spitze des 72 m hohen *Aussichtsturmes* genießen. Eine weitere Attraktion ist neben dem 60 m hohen *Free Fall Tower Abyss* das kühn am Hang errichtete *Ocean Theatre*, in dem bis zu 4000 Besucher Platz finden. Zweimal täglich führen hier Delphine, Seelöwen und Orcas ihre Kunststücke vor. Nahebei fühlen sich die tierischen Bewohner der **Wave Cove**, einem künstlich angelegten Wasserbecken, bei stetigem Wellengang offensichtlich äußerst wohl.

In den Monaten Mai bis Oktober können Besucher im Schwimmbecken des Freibads **Water World** selbst einen Sprung ins kühle Nass wagen. Die dortigen Whirl-, Wave- und Fun-Pools sowie eine Riesenrutsche begeistern nicht nur junge Wasserratten.

20 Aberdeen

Der ›Kleine Dufthafen‹ hat sich zu einer Großstadt entwickelt, und die malerischen Dschunken, auf denen einst die Fischer lebten, sind fast alle verschwunden.

Bus 7, 70, 72

Lange bevor der erste Engländer seinen Fuß auf Hong Kong Island setzte, befand sich bei einem Fischerdorf an der Südwestküste der chinesische Warenumschlagplatz **Heung Kong Tsai**, ›Kleiner Dufthafen‹. Von diesem leiteten die Briten später den Namen der ganzen Insel ab – Hong Kong. Das Dorf selbst benannten sie Mitte des 19. Jh. nach Lord Aberdeen, ihrem damaligen Staatssekretär für ausländische Angelegenheiten. Besondere Bedeutung erlangte die aufstrebende Siedlung, als die von der vorgelagerten Insel *Ap Lei Chau* geschützte, zerklüftete Küste Ende des 19. Jh. zu einem sicheren Taifunhafen ausgebaut wurde. Auch wenn kein Sturm tobt, ist die zum offenen Meer hin von einem Mauersystem mit Durchlässen eingefriedete Wasserstraße bis heute ein beliebter Liegeplatz für **Dschunken** und **Sampans**. Letztere sind kleine Transportboote, deren Mittelteile durch einen röhrenartigen Überbau geschützt werden. Dschunken mit dem charakteristischen hohen Heck sind größer und liegen oft fest vertäut. Vor allem *Tanka* und *Hoklo*, die bekanntesten der hiesigen ›Seefahrervölker‹, parken ihre Boote gern am Ufer von Aberdeen. Seit der Hafen, die Attraktion der mittlerweile größten Stadt an der Südküste, jedoch durch Landaufschüttungen in einen schmalen Kanal verwandelt wurde, sind viele der Wohnboote verschwunden. Ihre früheren Bewohner, Fischer und Handwerker, wurden größtenteils in die umliegenden Hochhäuser umgesiedelt. Das so oft beschriebene Flair der ›schwimmenden Dschunkenstadt‹ ist inzwischen kaum mehr zu erahnen. Trotzdem gibt es noch die Möglichkeit, mit einem der Sampans vom Kai bis zur Hafenmauer und zurück durch die Reihen der Boote zu schippern. Der Fahrpreis ist Verhandlungssache, der Erlebniswert unterliegt subjektiver Einschätzung.

Abends kann ein Spaziergang entlang der **Uferpromenade** sehr stimmungsvoll sein, wenn die zahlreichen Restaurantboote einladend illuminiert sind. Ihre Küche ist übrigens meist besser als ihr Ruf.

Deep Water Bay und Repulse Bay

Fährt man von Central oder Aberdeen aus mit dem Bus nach Stanley, führt der Weg über die kleinen halbkreisförmigen Buchten Deep Water Bay und Repulse Bay. Beide besitzen feine helle **Sandstrände**, die vor allem an den Wochenenden stark frequentiert werden. An den grünen Hängen ringsum wachsen immer mehr **Wohnblöcke** empor, deren Bewohner die Nähe zu den Geschäftsdistrikten ebenso schätzen wie die herrliche Aussicht auf das Meer. Einmal jedoch sahen *Feng-Shui-Experten* schwarz: ein geplantes Gebäude an der Repulse Bay sollte einem auf dem dahinter liegenden Hügel wohnenden Drachen (nach chinesischem Volksglauben wohnt auf jedem Hügel ein Drache) die Aussicht auf das Meer versperren, woraus nur Unheil erwachsen wäre. Da konstruierten die Architekten kurzerhand inmitten ihres Wohnhauses eine quadratische Öffnung von 10 × 10 m. Nun genießt der Drache weiterhin die Aussicht und Hong Kong Island ist um eine architektonische Besonderheit reicher.

21 Stanley

Von westlichen Gastarbeitern bevorzugte Wohnlage mit feinem Strand und viel besuchtem Markt.

Bus 6, 6A, 73, 260

In vorkolonialer Ära wurde das Fischerdorf an der Südküste als bekannter Treffpunkt von Schmugglern und Piraten **Chek Chue**, ›Räuberlager‹, genannt. Doch diese Zeiten sind lange vorbei, seit Mitte des 20. Jh. entwickelte sich der Ort zu einem der beliebtesten Wohnsitze ausländischer Arbeitnehmer auf Hong Kong Island. Auf dem schmalen, hügeligen Isthmus zwischen *Chek Chue Wan*, der Stanley Bay, im Westen und *Tai Tam Wan* im Osten drängen sich mittlerweile drei- bis fünfstöckige Apartmentanlagen, für Hongkonger Verhältnisse sehr niedrige Gebäude. Ihre Bewohner genießen die waldreiche Umgebung und die schönen Strände an den beiden Buchten. Im Mai kann man an der **Tai Tam Wan** beim Training für die *Drachenbootrennen* zusehen. Dann sind die aufsteigenden Sitzbänke um die Bucht mit Zuschauern gut gefüllt, die Strandcafés und Restaurants verzeichnen Rekordumsätze. Ein abgesperrter Abschnitt der Bucht ist ganz den Surfern vorbehalten.

Der Nachbarstrand **Stanley Bay** ist dagegen eher ein Revier für Wasserskifahrer und Badefreunde. Längs des westlichen Uferstreifens locken in renovierten kubischen Altstadthäuschen Restaurants und Bars mit europäischen und asiatischen Spezialitäten. Vor allem abends geht es hier hoch her, doch trotz des Trubels blieb das Flair eines überschaubaren Dorfes erhalten. Gern erholt man sich hier

TOP TIPP

auch vom Besuch des benach barten **Stanley Market** (tgl. 10–18 Uhr). Dort wird in dicht an dicht stehenden Läden und Buden ein buntes Angebot für den touristischen und alltäglichen Bedarf präsentiert: Bademoden, Seidenschals, Stickereien, historische Fotografien und vieles mehr. Stempelschnitzer bieten ihre Dienste an, man kann seinen Namen in chinesischer Schrift auf ein T-Shirt malen lassen oder in einem der An-

Mit feinem Sand und kristallklarem Wasser lockt die Deep Water Bay

Fenster mit Aussicht – durch die Gebäudeöffnung kann der Drache von ›seinem Hügel‹ auch weiterhin ungehindert auf den Sandstrand der Repulse Bay blicken

Auf Wind und Wasser gebaut

Entgegen aller Behauptungen aufgeklärter, junger Chinesen spielt **Feng Shui** im täglichen Leben auch heute noch eine wichtige Rolle. Feng bedeutet Wind, Shui Wasser, gemeinsam stehen die beiden Begriffe für die alte chinesische Lehre der **Geomantik**. Sie geht – vereinfacht gesagt – davon aus, dass Elemente, Formen und Lebensweise sich wechselseitig beeinflussen. Ob sich ein Gebäude z. B. zum Geld verdienen eignet oder man darin glücklich wohnen kann, hängt ursächlich mit seiner Ausrichtung bzw. seiner Einbettung in die Umgebung zusammen. Ein **Glück bringender Platz** wäre etwa an einem Hang mit Ausblick auf ein Gewässer. Demzufolge steht die Hong Kong and Shanghai Bank [Nr. 3] auf einem optimalen Platz, wohingegen Standort und Form des Bank of China Tower [Nr. 4] mit seinen unzähligen spitzen Ecken unter Feng-Shui-Gesichtspunkten völlige Fehlgriffe sind.

Es gibt jedoch zahlreiche Möglichkeiten der (nachträglichen) **Einflussnahme**, und schlechtes Feng Shui kann durch positiv wirkende Eingriffe verbessert werden. Ein einfaches Mittel wäre etwa das Aufhängen eines achteckigen Spiegels in einem Raum. Gerade Linien sollte man tunlichst vermeiden, da an ihnen entlang **Geister** reisen. Aus diesem Grund sind z. B. viele Eingangstüren schräg gestellt oder verfügen über eine erhöhte Schwelle. Architektur darf auf keinen Fall einen **Drachen** stören, und da nach chinesischer Vorstellung die Drachen auf Hügeln wohnen, gibt es derer sehr viele, auch in Hongkong und Macau. Eines der bekanntesten Beispiele dafür, wie Feng Shui unmittelbar in die Bauplanungen eingreifen kann, ist der geschwungene, lang gezogene Apartmentblock in Repulse Bay, der, als kompakte Einheit am Hang angelegt, einem dahinter lebenden Drachen den Ausblick auf das Meer versperrt hätte. Um dies zu verhindern, wurde kurzerhand in der Mitte des Hochhausblocks ein gewaltiges Geviert ausgespart.

tiquitätenläden zwischen Kunst und Nippes stöbern.

Nur wenige Meter vom Markt entfernt öffnet sich zum Meer hin die weite gepflasterte **Stanley Plaza** mit Wasserspiel und Ruhebänken. An ihrem Rand zieht seit seiner Einweihung im Jahr 2000 das blockhafte viktorianische **Murray House** die Blicke auf sich, dessen zwei obere Stockwerke umlaufende Arkadengänge zieren. Ursprünglich wurde Murray House um 1840 als Offizierskasino in Central errichtet, genau an der Stelle, an der sich heute der Bank of China Tower erhebt. Um für diesen Platz zu schaffen, wurde Murray House 1982 Stein für Stein abgetragen, sorgfältig eingelagert und knapp 20 Jahre später in Stanley originalgetreu wieder aufgebaut; lediglich das Dach ist neu. Im Erdgeschoss findet sich eine kleine Ausstellung zur Geschichte des traditionsreichen Gebäudes sowie zu chinesischer Kunst, ansonsten sind in Murray House zahlreiche Restaurants und Geschäfte ansässig.

Geht man etwas weiter am Meer entlang, versteckt sich am westlichen Ende der Bucht hinter Neubauten ein kleiner **Tin Hau Temple** (tgl. 8–17 Uhr). Er wurde 1767 für die Beschützerin der Seefahrer errichtet und zählt damit zu den ältesten erhaltenen Tempelanlagen von Hong Kong Island. Der dunkle Innenraum birgt u. a. links vom Eingang hinter Glas das mittlerweile schon mottenzerfressene Fell eines Tigers, der 1942 vor der benachbarten Polizeistation erschossen wurde.

22 Shek O

Sommeridyll an feinem, hellem Sandstrand.

Bus 9 (ab MTR Shau Kei Wan oder bei Tai Tam Tuk Wasserreservoir zusteigen, wohin man mit Bus 14 ab Stanley gelangt)

Ein ruhiges Fischerdorf, abgeschieden und friedlich, wer hätte das auf Hongkongs Hauptinsel vermutet? Doch genau das ist Shek O: Keine 500 Einwohner zählt es und die wenigen Häuser gruppieren sich entlang des selbst bei Flut noch 20 m breiten Strandes aus fast weißem Sand. Er zieht sich halbkreisförmig rund 200 m um die kleine Dorfbucht, beidseits von scharfkantigen Felsen begrenzt, die sich schließlich zu Hügeln auftürmen. Östlich der Bucht und im waldigen Hinterland haben sich inzwischen vereinzelt wohlhabende Städter prächtige Villen errichten lassen.

Und so fängt in Shek O kaum noch jemand hauptberuflich Fische, die meisten Dörfler leben inzwischen gut von den Erholung suchenden Gästen. Hauptsächlich Einheimische stürmen den netten Strand an schönen Sommertagen in hellen Scharen. Unter Schattengerüsten kann man Grillplätze mieten, Verkäuferinnen preisen Badematten und Strohhüte an, Sonnenschirme und Liegen gibt es ebenfalls. In zweiter Reihe offerieren einige kleine Fischrestaurants frische feine Spezialitäten.

Das wieder errichtete viktorianische Murray House dominiert Stanleys Wasserfront

瑞麟
六福
珠寶金行
加州餐廳
CALIFORNIA
RESTAURANT
WINDSOR PALACE HOTEL

Kowloon – neun Drachen sorgen für Glück und Wohlstand

Ende des 13. Jh. landete der noch minderjährige Kaiser *Di Zheng* auf der Flucht vor mongolischen Verfolgern auf einer Halbinsel an der Südküste Chinas. Er wollte den Ort nach den acht Drachen benennen, die gemäß der chinesischen Mythologie die Gipfel der umliegenden Berge bewohnen. Da aber rief ihm einer seiner Gefolgsmänner ins Gedächtnis, dass dieses Tier zugleich Symbol des Kaisers sei, und folglich auch er als göttlicher Drache zähle. Und so wurde die gegenüber dem heutigen Hong Kong Island gelegene Peninsula fortan **Gau Lung**, Neun Drachen, genannt. Der chinesischen Vorstellung gemäß sorgen wohlwollende Drachen für Glück und Wohlstand der Menschen. In Kowloon, wie die Briten den Ort nannten, trifft dies offensichtlich zu, denn nirgendwo sonst in Hongkong wird mehr Handel getrieben. Vom *Ocean Centre* bis zum nächtlichen *Ladies' Market* gleicht der ganze Stadtteil einem einzigen, riesigen Warenhaus.

Seit sie 1898 erstmals zwischen Hong Kong Island (hier im Blick) und Kowloon verkehrten, avancierten die grün-weißen Fährboote der Star Ferry Line zu Wahrzeichen der Stadt

Nachdem England 1860 auch den **Zweiten Opiumkrieg** gegen China gewonnen hatte, wurde den Briten im Frieden von *Tian Jin* die Halbinsel Kowloon bis zur Boundary Street zugesprochen. Das ausgedehnte Areal jenseits der ›Grenzstraße‹ pachteten sie zusätzlich ab 1898 für 99 Jahre von den Chinesen. 2,1 Mio. Menschen leben heute im ›alten Kowloon‹, also innerhalb der ursprünglichen Grenzen. Die Halbinsel wird der Länge nach von der wohl berühmtesten Einkaufsstraße Hongkongs, der **Nathan Road**, durchzogen. Sie führt von Süden nach Norden durch die Stadtviertel *Tsim Sha Tsui*, *Yau Ma Tei* und *Mong Kok*. Im östlichen Kowloon schließen sich touristisch weniger bekannte Stadtteile wie *Hung Hom* oder *Kowloon City* um den alten Flughafen Kai Tak an.

◁ **Oben:** *Wie ein Anachronismus wirken Star Ferries und Clock Tower vor der Kulisse des modernen Hong Kong Cultural Centre an Kowloons Civic Plaza*
Unten: *Die bunten Leuchtreklamen der Nathan Road machen die Nacht zum Tage*

Tsim Sha Tsui – Museumsviertel und Flaniermeile

Vital und international gibt sich Tsim Sha Tsui, das südlichste Viertel Kowloons. In den geschäftigen Hochhausschluchten drängen sich Chinesen, Inder und Europäer zwischen lebhaften *Straßenmärkten* und riesigen *Kaufhauskomplexen* wie dem Ocean Centre am Westufer. Letzteres verdankt seinen Namen dem benachbarten Ocean Terminal, an dem heute wie zur Zeit seiner Einweihung 1966 gigantische weiße Kreuzfahrtschiffe anlegen. Das bunte Treiben brandet um Inseln der Kultur wie dem **Museum of Art**, dem **Space Museum** oder dem **Science Museum**. Letzteres liegt bereits in Tsim Sha Tsui East, wo sich außerdem dicht an dicht Juweliere, Bekleidungsgeschäfte und Spezialitätenrestaurants aus aller Welt drängen. Auch traditionsreiche Einrichtungen wie das noble **Peninsula Hotel** oder der ausgedehnte **Kowloon Park** tragen zur einzigartigen Atmosphäre von Tsim Sha Tsui bei.

Ein Platz der Begegnung ist der **Public Pier** zwischen *Cultural Centre* und *Star Ferry Pier* im Süden Kowloons. Jeden Besucher Hongkongs zieht es unweigerlich hierher und sonntags genießen hier unzählige philippinische Hausangestellte ihren freien Tag. Der Platz ist gut gewählt, denn von der Waterfront genießt man eine der spektakulärsten Attraktionen der Stadt: den überwältigenden Blick auf die **Skyline** des gegenüberliegenden Hong Kong Island. Vor allem nachts ist der Anblick unvergesslich. Dann verkünden die beleuchteten Hochhausriesen, grün umrandet, mit roten Spitzen oder von strahlend weißer Leuchtreklame bekrönt, unmissverständlich und doch faszinierend ihre Botschaft: Geld regiert die Welt – vor allem aber Hongkong.

23 Public Pier

Die Skyline von Hong Kong Island bestens im Blick – wohl einer der bekanntesten Aussichtspunkte der Welt.

Salisbury Road
MTR Tsim Sha Tsui

An der Südspitze von Kowloon ragt der **Clock Tower** wie ein Relikt aus einer anderen Zeit in die Höhe, letztes Überbleibsel der britischen Bemühungen, Hongkong mit dem chinesischen Eisenbahnnetz zu verbinden. Einst nämlich endete genau hier die *Kowloon Canton Railway* in einem Kopfbahnhof. Obwohl das Bahnhofsgebäude bereits 1916 eingeweiht wurde, dauerte es weitere 21 Jahre, bis die Strecke Kanton – Hongkong fertig gestellt war. Dies war der letzte Abschnitt der Bahnstrecke, die von London bis zum Südchinesischen Meer reichte. 1978 wurde der Bahnhof von Kowloon in den östlichen Stadtteil Hung Hom verlegt. Der überaus prächtige alte Bahnhof fiel der Abrissbirne zum Opfer – Bürgerproteste konnten lediglich den Erhalt des markanten, 45 m hohen Uhrturms erwirken. Mit seinen dunklen rotbraunen Ziegeln und den grauen Ecksteinen steht der von einem offenen säulengetragenen Glockenstuhl bekrönte Turm heute einsam auf der **Civic Plaza**. Deren gelbbeige Klinkersteine werden durch flache Wasserbecken, einzelne Pflanzkübeln mit Palmen und die martialisch anmutende, gut 5 m hohe Metallskulptur ›The Flying Frenchman‹ (1991) von *César Baldaccini* optisch aufgelockert. Zum Hafenbecken hin begrenzt ein offener, ebenfalls gekachelter Säulengang den Platz. Er erinnert an eine Wandelhalle, und tatsächlich flanieren hier vor allem abends und am Wochenende zahlreiche Menschen, um den Anblick des betriebsamen *Victoria Harbour* und das Panorama der beleuch-

Ein letzter Rest von Empire – das Peninsula Hotel steht für britische Tradition

teten **Skyline** von Hong Kong Island zu genießen. Jenseits des schimmernden Wassers breitet sich ein glitzerndes Lichtermeer aus, das akzentuiert wird vom rot umrandeten Sheung Wan Tower im Westen und der festlich angestrahlten Halbkuppel des Hong Kong Convention and Exhibition Centre im Osten. Dazwischen entfaltet sich mit den Silhouetten des 2IFC, der Hong Kong & Shanghai Bank oder des Bank of China Tower ein wahres architektonisches Leuchtfeuer. Wörtlich gilt dies für die sog. *Symphony of Lights*, im Rahmen derer 18 der markantesten Wolkenkratzer tgl. um 20 Uhr bunt erstrahlen.

Auch tagsüber ist die Skyline beeindruckend, wenn hinter der grauen Häuserkulisse die grün bewaldeten Hügel des Inselinneren einen frischen Farbakzent setzen. Zu den zahlreichen Touristen am Public Pier und auf der Civic Plaza gesellen sich dann unzählige Pendler, die von diesem regen Verkehrsknotenpunkt aus zum benachbarten **Star Ferry Terminal Kowloon** oder dem davor liegenden Busbahnhof strömen. Täglich nutzen Zehntausende die Fähren, die in knapp zehn Minuten zwischen Kowloon und Central oder Causeway Bay auf Hong Kong Island verkehren. Touristen nutzen die flachen grünen Boote für eine preisgünstige *Hafentour*.

Gegenüber dem Star Ferry Terminal erhebt sich der kompakte Dreiflügelbau des **Peninsula Hotel**. 1928 als erste Nobelherberge in Hongkong eröffnet, strahlt das fünfstöckige viktorianische Gebäude noch heute die Grandezza jener Zeit aus. In seiner Auffahrt steht so mancher Bentley oder Rolls-Royce, die livrierten Sikhs halten aber auch denjenigen Gästen die Glasflügeltüren auf, die lediglich zum Nachmittagstee hereinschauen. Und dieser ist ein Erlebnis, denn man zelebriert in der mit Teakholz, Blattgold, Lüstern und Kristallspiegeln prunkvoll ausgestatteten Lobby zugleich alten britischen Lebensstil und kosmopolitische Attitude.

Eine weitere Attraktion der ›Grande Dame‹ der Hongkonger Hotels ist das *Felix*. Ein eigener, ausgeschilderter Aufzug führt von der Lobby aus zu der Bar im 30. Stock des 1994 eröffneten Erweiterungsturms. Sie lohnt schon allein wegen der herrlichen Aussicht einen Besuch: Von ganz oben nämlich überblickt man sowohl die Skyline von Hong Kong Island als auch die Piers des Ocean Terminal. Frankreichs Stardesigner Philippe Starck entwarf die extravagante Innenausstattung der Bar, komplett vom Besteck über die Möbel bis zu den marmorverkleideten Toiletten, die eine Sehenswürdigkeit für sich sind.

Nicht anders als im europäischen Musiktheater muss auch in der Kantonoper das Liebespaar auf dem Weg zum Happy End viel besungene Irrungen und Wirrungen erleiden

Zu Besuch in der chinesischen Oper

In Hongkong sollte man die Gelegenheit nutzen, eine **Pekingoper** (Jingju) zu besuchen. Das Hong Kong Cultural Centre z. B. bietet immer wieder hochkarätige Inszenierungen. Zunächst mögen Gesang und Musik für die Ohren der Reisenden ungewohnt und nicht selten eintönig klingen, doch die akrobatischen Einlagen und die prachtvollen Kostüme der Mitwirkenden erwecken bald umso mehr Bewunderung.

Die heute bekannte chinesische Oper entstand vor rund 250 Jahren in Peking, während der Regierung Qianlong. Sie basiert auf dem Zusammenschluss verschiedener traditioneller Stile des Musiktheaters. Inhaltlich bestimmend für die nach ihrem Entstehungsort Pekingoper genannte Kunstform sind ihre stark stilisierten Figuren. In den vier **Hauptrollen** erscheinen stets der junge Mann (Sheng), die junge Frau (Dan), der ältere Mann (Jing) und der Spaßmacher (Chou). Die Charaktereigenschaften der Protagonisten, von rechtschaffen bis durchtrieben, von loyal bis zänkisch, sind leicht zu erkennen. Die Schauspielerinnen und Schauspieler treten figurentypisch geschminkt oder in ausdrucksstarken Holzmasken und expressiven Kostümen auf. So sind etwa die Mützen der guten Beamten mit trapezförmigen Flügelklappen ausgestattet, wohingegen pflichtvergessene Staatsdiener rhombenförmige Klappen tragen.

Mit Sprechgesängen, Liedern, Tanz- und Theatereinlagen entwickelt das Ensemble im Laufe der vier bis sechs Stunden dauernden Aufführung eine in der Regel stark moralisierende Handlung. In der beliebten Oper ›Das Westzimmer‹ (Xixiangji) von Wang Shi Fu (um 1300) z. B. erlebt der Zuschauer das romantisch verklärte Schicksal des anfangs getrennten Liebespaares Zhang Junrui und Cui Yingying mit.

Im Süden Chinas, also auch in Hongkong, kommt häufig eine Variante des Musiktheaters zur Aufführung, die **Kantonoper**. Im Vergleich zur klassischen Pekingoper ist sie bodenständiger, legt mehr Wert auf Unterhaltung als auf belehrende Handlung und erfreut das Auge mit zahlreichen tänzerischen und akrobatischen Einlagen.

Beiden Operntypen gemeinsam ist die perfekte **Körperbeherrschung**, mit der die Darsteller in Ballettsequenzen oder anderen Tanzeinlagen sowie in immer wieder eingebauten Kampfszenen brillieren. Kein Wunder also, dass das harte Training für eine Opernlaufbahn bereits im Alter von sechs Jahren beginnt. Es beinhaltet neben Schauspiel- und Gesangsausbildung auch Fächer wie Akrobatik und Handhabung altertümlicher Waffen wie Schwert oder Lanze.

24 Hong Kong Cultural Centre

Theater- und Konzertsäle in einem Klinkerbau an der Südspitze von Kowloon.

10 Salisbury Road
MTR Tsim Sha Tsui
Tel. 27 34 20 10

An der Stelle des abgerissenen Bahnhofs von Kowloon erhebt sich heute das 1989 eröffnete **Kultur- und Konzerthaus** des Hong Kong Cultural Centre (HKCC). Das umstrittene Bauwerk des Hongkonger Architekten José Lei scheint sich mit seiner abweisenden Fassade architektonisch der gegenüberliegenden Skyline von Hong Kong Island völlig zu verschließen. Die optimale Aussichtslage am Victoria Harbour direkt neben dem Star Ferry Terminal von Tsim Sha Tsui wurde nicht genutzt, denn das relativ niedrige schmetterlingsförmige Gebäude mit der funktionalen Außenhaut aus beigem Klinker verfügt lediglich über schmale Lichtschlitze. Vielleicht sollte das verhindern, dass äußere Eindrücke von den kulturellen Darbietungen ablenken, die in der 2000 Zuhörer fassenden *Konzerthalle*, dem *Grand Theatre* mit rund 1700 Sitzen und dem *Studio Theatre* für gut 500 Zuschauer geboten werden. Am Programm selbst gibt es wahrlich nichts auszusetzen, ist das Cultural Centre doch Heimat der renommierten **Hong Kong Philharmonics**. Daneben sind häufig Orchester und Stardirigenten aus aller Welt zu Gast. Auch wer eine qualitätvolle chinesische Oper hören will, kommt hier auf seine Kosten.

25 Hong Kong Space Museum

Einmal Mond und zurück – Museumsspaß rund um den Weltraum und ein eindrucksvolles Planetarium.

10 Salisbury Road
MTR Tsim Sha Tsui
Tel. 27 21 02 26
Extra-Tickets für Planetarium Space Theatre, Reservierung empfohlen unter Tel. 27 34 27 22
Mo, Mi–Fr 13–21, Sa/So/Fei 10–21 Uhr

An der Salisbury Road östlich von Clock Tower und Cultural Centre beherbergt ein weiß gekachelten halbkugelförmigen Gebäude seit 1980 Hongkongs ambitioniertes **Weltraummuseum**. Drei Abteilungen mit insgesamt 8000 m² Ausstellungsfläche bringen Besuchern das All näher. Die *Hall of Space Science* im Erdgeschoss etwa dokumentiert die Geschichte der Weltraumforschung, von astronomischen Geräten der südamerikanischen Maya über Astrolabien und frühe Teleskope bis zu modernen Raketenmodellen. Fesselnde Information und Spaß bieten interaktive Versuchsreihen und Trai-

Blick über das Hong Kong Cultural Centre auf Hong Kong Island

Unverkennbar weist die Planetariumskuppel den Weg zum Hong Kong Space Museum

ningsgeräte für Astronauten wie der Multiachsenstuhl oder die Simulation der Mondlandung. Hierbei wird man an einem Gummiseil zunächst in die Höhe gezogen und landet dann in einer Sandgrube. Die *Hall of Astronomy* im ersten Stock ist dem Universum im Allgemeinen sowie unserem Sonnensystem mit seinen neun Planeten und anderen Himmelskörpern im Besonderen gewidmet.

Krönung des Museums aber ist das *Planetarium*, eines der größten der Welt. Die Zentralkuppel dieses **Space Theatre** hat einen Durchmesser von 23 m und der leistungsstarke Zeiss-Projektor kann einen Sternenhimmel mit mehr als 9000 Stellarobjekten abbilden. Die mehrmals täglich stattfindenden, 40-minütigen *Sky Shows* sowie die 3-D-Omnimax-Filme sind stets gut besucht.

26 Hong Kong Museum of Art

TOP TIPP

Weiterer bedeutender Museumsbau und Forum für klassische und zeitgenössische chinesische Kunst.

10 Salisbury Road
MTR Tsim Sha Tsui
Tel. 27 21 01 16
Fr–Mi 10–18 Uhr

Mit seiner beigen Klinkerverkleidung fügt das Hong Kong Museum of Art am südlichen Ende von Kowloon gut in das bereits bestehende Ensemble von Kulturbauten aus *Cultural Centre* und *Space Museum* ein. Seit der Eröffnung des Neubaus 1992 kann das bereits in den 60er-Jahren gegründete, zuvor in der City Hall untergebrachte Kunstmuseum seine ausgezeichnete Sammlung **chinesischer Kunst** – rund 11 000 Exponate – nun in angemessenem Rahmen präsentieren. Immerhin beträgt die auf drei Etagen verteilte Ausstellungsfläche knapp 6000 m^2.

Die bedeutendste Abteilung des Hong Kong Museum of Art ist die *Xubaizhai Gallery of Chinese Painting and Calligraphy*, die Kollektion des Sammlers *Low Chuck Tiew*, die dieser nach einer Arbeit des bekannten Kalligraphen Yi Bingshou benannt und dem Museum 1992 als Schenkung überlassen hat. Die Arbeiten, darunter zahlreiche Tuschezeichnungen von stimmungsvollen Landschaften, geben einen guten Überblick über die Entwicklung chinesischer **Malerei und Kalligraphie** vom 5. bis zum 20. Jh. Auch die *Gallery of Chinese Fine Art* präsentiert eine umfangreiche Kollektion chinesischer Malerei und Kalligraphie. Die Werke stammen aus der südlichsten Provinz der Volksrepublik, *Guangdong* (Kanton), ihre Entstehungszeit reicht von der Ming-Dynastie (1368–1644) bis zur Gegenwart. Besonders interessant gerade auch für ausländische Besucher dürfte die Sammlung *Historical Pictures* mit historischen Stadt- und Hafenansichten von Hongkong und Macau aus dem 19. und 20. Jh. sein. Ebenfalls sehenswert ist die Abteilung *Chinese Antiquities*, die verschiedene Bereiche chinesischen Kunsthandwerks dokumentiert. Zu den Exponaten zählen Schmuckstücke aus Jade, Keramiken, Trachten, Möbel und vieles mehr.

Im Erdgeschoss werden regelmäßig Sonderausstellungen präsentiert, die das Schaffen zeitgenössischer chinesischer und asiatischer, hin und wieder auch europäischer Künstler vorstellen.

Gleich hinter dem Kunstmuseum, zum Hafen hin, erstreckt sich die 2004 der Öffentlichkeit übergebene **Avenue of Stars** (www.avenueofstars.com.hk) in weitem Bogen ostwärts. Die Promenade zu Ehren der für Hongkong so wichtigen Filmindustrie ist abends illuminiert und bei einheimischen wie ausländischen Flaneuren ungeheuer beliebt. Das mag am Thema liegen, an den hier zahlreich stattfindenden Musikveranstaltungen und -wettbewerben (z. B. ›Wholala‹, Sa 19–22 Uhr), an der romantischen Lage am Wasser – oder einfach an der fantastischen Aussicht auf Hong Kong Island.

27 Nathan Road

TOP TIPP

Bunte Glitzerwelt des Konsums: die wahrscheinlich längste Einkaufsmeile der Welt.

MTR Tsim Sha Tsui, Jordan, Yau Ma Tei, Mong Kok, Prince Edward

Vom Space Museum an der Waterfront führt die etwa 3,5 km lange Nathan Road schnurgerade nordwärts bis zu der im Stadtteil Mong Kok gelegenen *Boundary Street*, welche die alte Grenze von Kowloon markiert. Sir Matthew Nathan, Anfang des 20. Jh. Gouverneur von Hongkong, hatte den breiten, seinerzeit von Bäumen gesäumten **Prachtboulevard** 1904–07 anlegen lassen, als es hier kaum Häuser und noch weniger Autoverkehr, dafür aber Wiesen und Reisfelder gab. Damals erschien die Straße vielen Zeitgenossen etwas zu groß geraten, doch heute reicht sie für den Verkehr kaum mehr aus. Fast ununterbrochen wälzt sich eine Karawane aus Autos und Bussen auf bis zu vier Fahrspuren über Hongkongs ›Goldene Meile‹, streckenweise kommen noch zwei Bustrassen hinzu.

Allerdings sind zumindest im südlichen Teil die Fußwege beiderseits der Straße bis zu 4 m breit, ideale Bedingungen zum Flanieren und Schaufensterbummeln. Tatsächlich ist die Nathan Road ein einziges riesiges **Einkaufsparadies**, ein wahrer Mikrokosmos, dessen Lebenszweck ›Business‹ heißt. Am Abend, wenn die bunten Leuchtreklamen die Straße in ein unwirkliches Licht tauchen, geht das Shoppingvergnügen erst richtig los, und manche Läden haben bis tief in die Nacht hinein geöffnet. Hier reihen sich riesige Kaufhäuser und Einkaufszentren, modische Boutiquen, schicke Restaurants und glitzernde Hotelfassaden aneinander, bieten Reisebüros und kleine Druckereien ihre Dienste an. Weiter nördlich, in *Yau Ma Tei* und *Mong Kok*, werden die Läden kleiner, die Restaurants einfacher, hier grenzen auch Straßenmärkte und Tempelareale an den Boulevard [s. S. 63].

In Tsim Sha Tsui sind die Geschäfte beiderseits der Nathan Road meist schick, die Auslagen ordentlich und die Preise gehoben. Eine Ausnahme bildet der Block des **Chung King Mansion**. Das etwa 20-stöckige Hochhaus aus den 60er-Jahren des 20. Jh. wirkt wie ein Anachronismus, ein Rest von Schmuddel in diesem ansonsten so properen Teil von Hongkong. In den oberen Stockwerken des Komplexes befinden sich ausgesprochen günstige, besonders von Rucksackreisenden und budgetbewussten asiatischen Geschäftsleuten gerne aufgesuchte Übernachtungsmöglichkeiten, manche von ihnen allerdings von zweifelhaftem Ruf. Nicht scheuen muss man einen Bummel durch die engen Gänge

›Sehen und gesehen werden‹ auf der beliebten Avenue of Stars

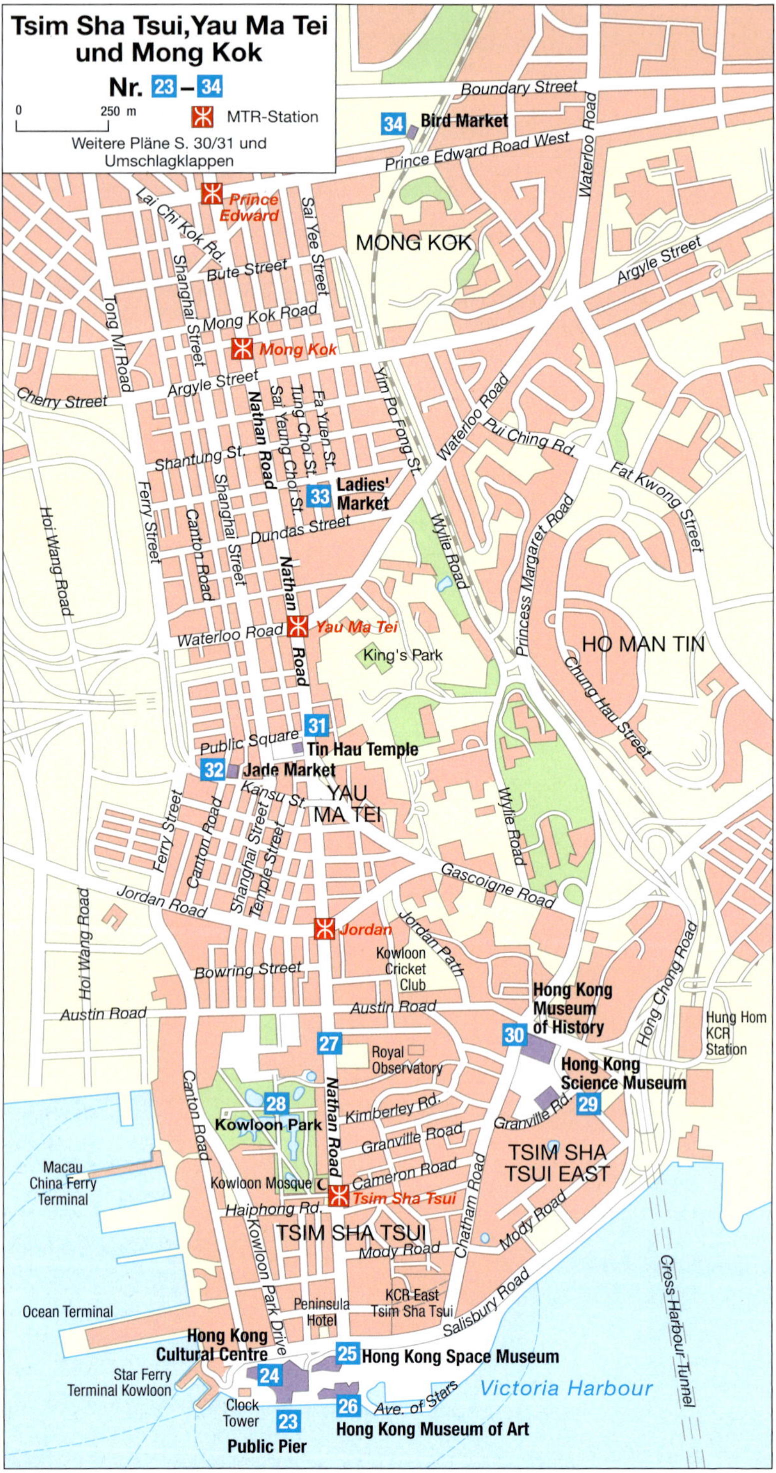

Tsim Sha Tsui, Yau Ma Tei und Mong Kok
Nr. 23 – 34
0
250 m
MTR-Station
Weitere Pläne S. 30/31 und Umschlagklappen
Boundary Street
34 Bird Market
Prince Edward Road West
Waterloo Road
Prince Edward
Lai Chi Kok Rd.
Sai Yee Street
MONG KOK
Bute Street
Shanghai Street
Argyle Street
Tong Mi Road
Mong Kok Road
Mong Kok
Cherry Street
Nathan Road
Sai Yeung Choi St.
Tung Choi St.
Fa Yuen St.
Yim Po Fong St.
Waterloo Road
Pui Ching Rd.
Fat Kwong Street
Shantung St.
Ferry Street
Canton Road
Shanghai Street
33 Ladies' Market
Dundas Street
Hoi Wang Road
Wylie Road
Princess Margaret Road
Waterloo Road
Yau Ma Tei
King's Park
HO MAN TIN
Chung Hau Street
31
Public Square
Tin Hau Temple
32 Jade Market
Kansu St.
YAU MA TEI
Ferry Street
Canton Road
Shanghai Street
Temple Street
Wylie Road
Gascoigne Road
Jordan Road
Hoi Wang Road
Jordan
Jordan Path
Kowloon Cricket Club
Bowring Street
Hong Kong Museum of History
Hong Chong Road
Austin Road
Austin Road
30
Hung Hom KCR Station
27
Royal Observatory
Hong Kong Science Museum
29
Canton Road
28
Kimberley Rd.
Kowloon Park
Granville Rd.
Granville Road
TSIM SHA TSUI EAST
Macau China Ferry Terminal
Cameron Road
Chatham Road
Kowloon Mosque
Tsim Sha Tsui
Haiphong Rd.
Kowloon Park Drive
TSIM SHA TSUI
Mody Road
Mody Road
Cross Harbour Tunnel
Peninsula Hotel
KCR East Tsim Sha Tsui
Salisbury Road
Ocean Terminal
Hong Kong Cultural Centre
25 Hong Kong Space Museum
Star Ferry Terminal Kowloon
24
Victoria Harbour
Clock Tower
26
Ave. of Stars
23
Hong Kong Museum of Art
Public Pier

Hongkongs Hauptmoschee Kowloon Mosque am Kowloon Park bringt mit Kuppel und Minaretten ein Stückchen Orient nach Asien

von Erdgeschoss und erstem Stock, wo in einem basarähnlichen Durcheinander von Ständen und Läden überwiegend indische und afrikanische Händler günstige Souvenirs, Nippes, Kleidung, Musikkassetten und Elektroartikel anbieten. Ausgezeichnete Snacks erhält man in den indischen Imbissständen in der ersten Etage.

Zwar wurde die Nathan Road in britischer Zeit angelegt, doch die architektonischen Zeugnisse der kolonialen Vergangenheit entlang der Straße sind eher spärlich. Schräg gegenüber des Kowloon Park [Nr. 28] etwa hat sich die neogotische **Old Kowloon British School** von 1902 erhalten, ein hübscher rot-weißer Bau, der heute das Hongkonger Denkmalamt *(HK Government Antiquities and Monuments Office)* beherbergt. Daneben erhebt sich die 1905 errichtete protestantische **St. Andrew's Church**. Mit ihren Maßwerkfenstern im neogotischen Stil und dem Glockentürmchen sieht sie von außen interessanter aus als sie im kargen Inneren tatsächlich ist.

Die nächste Querstraße führt auf einen kleinen Hügel, auf dem in einem viktorianischen Rundbau mit Arkadenumgang seit 1883 das **Royal Observatory** (www.hko.gov.hk), die Wetterwarte von Hongkong, untergebracht ist.

28 Kowloon Park

TOP TIPP

Rasen, Sportplätze, Volieren, Springbrunnen – der Kowloon Park bietet Entspannung für Körper und Geist.

Nathan Road/Haiphong Road/ Kowloon Park Drive/Austin Road
MTR Tsim Sha Tsui
tgl. 6–24 Uhr
Aviarium: März–Okt. tgl. 6.30–18.45, sonst tgl. bis 17.45 Uhr

Beim Bummel entlang der Nathan Road sieht man an der Ecke zur ebenfalls sehr lebhaften *Haiphong Road* die zweistöckige, aus schneeweißem Marmor errichtete **Kowloon Mosque**. Diese Hauptmoschee der aus etwa 70 000 Mitgliedern bestehenden islamischen Gemeinde von Hongkong mit Hufeisenbogenfenstern, zierlichen umlaufenden Zinnen und vier schlanken Minaretten entstand 1986 anstelle des Vorgängerbaus aus dem Jahre 1896. Diesen hatte die britische Armee als Gebetsstätte für ihre islamischen Truppenmitglieder im Südosten eines ausgedehnten Kasernengeländes errichten lassen. Wo früher exerziert und gedrillt wurde, öffnete Anfang des 20. Jh. der **Kowloon Park** seine Pforten der Öffentlichkeit. Der 1989 neu gestaltete, 14 ha große Park ist eine der grünen Lungen von Hongkong und verfügt neben den gepflegten, abwechslungsreichen Grünflächen über zahlreiche Sportanlagen, etwa ein Freibad und ein überdachtes Sportschwimmbecken sowie über Squash-

Der Kowloon Park ist eine Oase der Ruhe im ringsum tosenden Großstadtgetümmel

und Badmintonplätze. Bei einem Spaziergang durch das Gelände kommt man z. B. am Abenteuerspielplatz *Discovery Playground* vorbei, entdeckt auf dem *Sculpture Walk* die modernen Plastiken meist einheimischer Künstler oder kann sich in den frühen Morgenstunden auf dem *Jogging Trail* unter die Fitnessfans mischen. Man kann aber auch in einem großzügigen *Aviarium* seltene einheimische Vögel beobachten oder die Ruhe und den Frieden im nahen *Chinesischen Garten* genießen, der morgens als Kulisse für Tai-Chi-Übungen fungiert.

29 Hong Kong Science Museum

Lehrreicher Spaziergang durch die Geschichte der Wissenschaft und Technik.

2 Science Museum Road
Bus 5, 5C, 8, 8A, 13X, 26, 28, 35A, 41A, 81C, 87D, 98D, 110, 208, 215X, 219X, 224X, 269B, 260X; Citybus A21
Tel. 27 32 32 32
Mo–Mi/Fr 13–21, Sa/So/Fei 10–21 Uhr

In dem von Chatham Road und Kowloon Station gerahmten Stadtviertel *Tsim Sha Tsui East* – es ist von der Nathan Road aus in etwa zehn Minuten zu Fuß zu erreichen –, liegt das sehenswerte Hong Kong Science Museum. Der 1991 eröffnete Neubau greift in seiner Architektur geometrische Grundformen auf: aus einem blockhaften, gerüstartig gegliederten Baukörper ragen einzelne Gebäudeteile in Form von Spitzkegeln oder Zylindern heraus. Innen bietet das Museum auf drei Stockwerken reichlich Ausstellungsfläche zu Themenbereichen wie Biotechnik, Computer- oder Kommunikationstechnologie. Über die gesamte Gebäudehöhe öffnet sich die zentrale Halle. Darin steht die *Energiemaschine*, eine 20 m hohe Stahlträgerkonstruktion, die mittels geblähten Segeln, Mühlrädern und Laserstrahlen Energieformen wie Wind- und Wasserkraft visualisert. An einem Rundgang durch die umliegenden Stockwerke haben besonders jüngere Besucher ihre Freude, denn viele Exponate laden zum Anfassen und Experimentieren ein. Hinzu kommen begehbare Modelle und interaktive Programme. Aber auch Nostalgiefans kommen auf ihre Kosten, ist doch z. B. die Flugzeughalle ausgezeichnet bestückt. Hier kann u. a. Betsy bewundert werden, Hongkongs erstes Verkehrsflugzeug.

Nach dem Museumsbesuch kann man sich dann wieder ins Getümmel stürzen. **Tsim Sha Tsui East** ist besonders zwischen *Mody* und *Cameron Road* reich an Geschäften, Restaurants und Nachtklubs. Juweliere und Boutiquen haben bis spät in die Nacht hinein geöffnet, denn erst nach Einbruch der Dunkelheit geht es in dem Viertel richtig rund, wenn Scharen von Touristen und Einheimischen durch die Straßen schlendern.

30 Hong Kong Museum of History

Einblicke in chinesische Kultur, Politik, Geistesgeschichte und Landeskunde.

100 Chatham Road South
Bus 5, 5C, 8
http://hk.history.museum
Tel. 27 24 90 42
Mo/Mi–Sa 10–18, So/Fei 13–18 Uhr

1998 zog das Hong Kong Museum of History aus zwei ehemaligen viktorianischen Kasernen im Kowloon Park in diesen Museumsneubau in Tsim Sha Tsui East. Mit ihren halbrunden Tonnendächern erinnern die beiden dreistöckigen, einige Meter gegeneinander versetzten Gebäudeteile des neuen Geschichtsmuseums

Türme, Galerien, Treppenfluchten – das Museum of History als modernes Märchenschloss

an Flugzeughangars. Doch architektonisch und dank ihrer weitgehend blau verfliesten Fassade bilden sie eine Einheit mit dem benachbarten Wissenschaftsmuseum. Die Verbindung zwischen den beiden Sammlungen bildet eine springbrunnengeschmückte **Plaza**. Sie dient im Sommer als Freiluftbühne für Konzerte und andere Großveranstaltungen.

Die 8000 m² Ausstellungsfläche im Geschichtsmuseum teilen sich in 1000 m² für die Galerie für **Sonderausstellungen** und den Bereich für die ständigen Sammlungen zu den Themen Archäologie, Stadtgeschichte, Ethnographie und Naturkunde. Ein Schwerpunkt liegt auf archäologischen Fundstücken wie Waffen, Münzen und Keramiken, die einen umfassenden Überblick der geschichtlichen Entwicklung Hongkongs geben. Hinzu kommen prähistorische Funde von Ausgrabungen in *Haifeng*, 150 km östlich von Hongkong, und auf Lamma Island. Themenbereiche wie Landwirtschaft, Handwerk und Religion runden das Bild des frühen Hongkong ab. Eine weitere Abteilung befasst sich mit der Kolonialgeschichte, gezeigt werden meist Fotos aus dem 19. Jh. sowie, als besondere Attraktion, einige originalgetreu rekonstruierte Straßenzüge dieser Epoche.

Zum Hong Kong Museum of History gehören auch drei **Außenstellen**, als kleinere das *Lei Cheng Uk Han Tomb Museum* (41 Tonkin Street, Sham Shui Po, Kowloon, Tel. 23 86 28 63 Mo–Mi/Fr/Sa 10–18, So/Fei 13–18 Uhr) mit seinem Han-Kuppelgrab (25–220 n. Chr.) und das *Law Uk Folk Museum* (14 Kut Shing Street, Tel. 28 96 70 06, Mo–Mi/Fr/Sa 10–18, So/ Fei 13–18 Uhr) in Chai Wan in dem original möblierten Hakka-Gehöft des 18. Jh. Aufwendiger ist das ebenfalls im Osten von Hong Kong Island gelegene *Hong Kong Museum of Coastal Defence* (175 Tung Hei Road, Shau Kei Wan, http://hk.coastaldefence.museum, Tel. 25 69 12 48, Fr–Mi 10–17 Uhr), das in dem gelungen umgebauten Lei Yue Mun Fort von 1844 untergebracht ist.

Einen Besuch wert ist das Museum of Coastal Defence im alten Lei Yue Mun Fort

五方五土龍神
前後地主財神
天官賜福
門口土地財神
定福灶君
天官賜福
五方五土龍神
門口土地財神

Yau Ma Tei und Mong Kok – Tempel und Märkte im nördlichen Kowloon

Das Viertel Yau Ma Tei, ›Platz der Sesampflanzen‹, schließt sich nördlich an Tsim Sha Tsui an. Als einer der ältesten Wohn- und Geschäftsbezirke Kowloons erstreckt es sich um die zentrale Kreuzung von *Nathan* und *Waterloo Road*. In Yau Ma Tei sind die Auslagen der Geschäfte weniger glamourös als in den ausgesprochenen Touristenzonen des südlichen Kowloon, und die Hochhäuser bleiben meist unter 20 Stockwerken. Hier wird das Leben ›alltäglicher‹, chinesischer, wovon auch populäre Tempelanlagen wie der **Tin Hau Temple** oder die Straßenmärkte zeugen, für die das Viertel bekannt ist. So kann man beispielsweise vormittags in der *Reclamation Street* die exotischen Auslagen der Gemüse- und Fischhändler bestaunen und abends auf dem nahen *Temple Street Night Market* ein farbenfrohes T-Shirt als Andenken erstehen.

Als nördlichster Stadtteil grenzt Mong Kok, das ›alte Kowloon‹, an die in West-Ost-Richtung verlaufende *Boundary Street*. Der Name dieses stark chinesisch geprägten Viertels könnte treffender nicht sein, bedeutet Mong Kok doch ›geschäftiger Ort‹. Abseits der Hauptverkehrsader Nathan Road sind die Straßen eher eng, in den dunklen Hochhausschluchten drängen sich Autos, Lieferwagen und klobige Handkarren, die Ladenfronten nehmen kleine Handwerksbetriebe ein, Wäschereien, Räucherstäbchenhändler, Bäckereien und andere einfache Geschäfte. Hier zeigt sich Hongkongs Alltagsgesicht, hier ballt sich das Leben auf engstem Raum. Immerhin ist Mong Kok mit durchschnittlich knapp 50 000 Einwohnern pro km^2 eine der am dichtesten besiedelten Regionen der Erde. Touristen besuchen hier vor allem die Märkte wie den **Bird Market** oder den **Ladies' Market**, der bis spät in die Nacht geöffnet hat.

Etwas nördlicher schließlich, im Stadtteil Wong Tai Sin bei Kowloon City, liegt versteckt inmitten der Hochhäuser der sehenswerte **Wong Tai Sin Temple**, der größte Tempel der Stadt.

31 Tin Hau Temple

Vier Tempel unter einem Dach vereint.

Public Square Street
MTR Yau Ma Tei
tgl. 8–18 Uhr

Die meistverehrte Gottheit in der Hafenstadt Hongkong ist die Schutzheilige der Fischer und Seefahrer Tin Hau. Über das gesamte Stadtgebiet verteilt findet man etwa 20 ihr geweihte Tempel, einen der bekanntesten und beliebtesten im Stadtviertel Yau Ma Tei unweit der Nathan Road. Diesen muss die Göttin allerdings mit mehreren taoistischen und buddhistischen ›Kollegen‹ teilen. Die nicht allzu große, lang gestreckte Anlage besteht aus vier kleineren, unter einem Dach aus grünglasierten Ziegeln vereinten Tempeln. Sie wurde 1870 am damaligen Westufer von Yau Ma Tei errichtet, 1876 jedoch an ihre heutige Stelle landeinwärts versetzt. Gehuldigt wird in den vier nebeneinander liegenden Gebetsräumen (von links nach rechts) dem Erdgott *To Tei*, dem Stadtgott *Shing Wong*, der für Recht und Ordnung sorgt, der taoistischen Meeres- und Himmelsgöttin *Tin Hau* so-

◁ *Wie von alters her prägt noch heute traditioneller Handel die Viertel Yau Ma Tei und Mong Kok*

wie *Shea Tam*, einer Erscheinungsform der buddhistischen Göttin der Barmherzigkeit Kwun Yum. Der Einfachheit halber werden alle unter dem Namen **Tin Hau Temple** zusammengefasst.

Einige Stufen führen vom asphaltierten, baumbeschatteten *Public Square*, auf dem sich ältere Männer zu Plauderei und Kartenspiel treffen, hinauf zu dem etwa 25 × 10 m umfassenden, etwas erhöhten **Tempelareal**. Eine hohe Ziegelmauer rahmt den länglichen Vorplatz, ganz rechts befindet sich die Halle der Wahrsager, die eine wichtige Rolle im Volksglauben spielen und bei keiner Tempelanlage fehlen dürfen. Kachelbilder in Form von Drachen und Phoenixen sowie geschnitzte Stein- und Holzfriese zieren vor allem die Türstürze. Deren unverputzte Ziegelmauern sind außen wie innen dunkel gefärbt, sei es vom Alter oder durch den Rauch der zahlreichen Räucherstäbchen und -spiralen. Der mittlere, größte Raum ist Tin Hau gewidmet. Zwischen Fahnen, kleineren Götterstatuen, Wächterfiguren und Donation Box erkennt man rechts von ihrem zentralen Schrein aufgereiht die Figuren der 60 göttlichen *Tai Sui*, die jeweils ein Jahr in einem sich stets wiederholenden Zeitzyklus verkörpern.

Gesetz des Marktes: Handeln ist auch auf dem Jade Market oberstes Gebot

32 Jade Market

Hier dreht sich alles um Jade, den Schmuckstein mit der Geister abwehrenden Wirkung.

Ecke KansuStreet/Reclamation Street
MTR Yau Ma Tei
tgl. 10–15.30 Uhr

Ein markanter roter Torbogen am Ende der Reclamation Street weist den Weg zum Jademarkt, dahinter drängen sich Einheimische wie Touristen in mehreren Standreihen unter der Überführung der Stadtautobahn. Hauptsächlich bieten hier Straßenhändler die bei Chinesen so beliebte Jade an. Überwiegend ist der meist grünliche Stein zu **Schmuck** verarbeitet, zu Armreifen, Ohrringen, Halsketten und Anhängern. Daneben gibt es geschliffene Steine, Skulpturen und so genannte **Fingerjade** zu kaufen. Das sind kleine Glücksbringer in Form von Drachen, Buddhas, Hasen oder Ähnlichem. Seit der Chou-Zeit (3. Jh. v. Chr.) gilt Jade im chinesischen Raum als Geister abwehrender Glücksstein, der am besten als Armband oder um den Hals getragen wird. Der Stein kommt aber auch bei Bestattungen zum Einsatz – auf jede Körperöffnung und auf die Augen wird Jade gelegt, damit keine bösen Geister von dem Leichnam Besitz ergreifen können.

Je reiner und heller ein Stein ist, desto höher sind sein ideeler Wert und sein Preis. Da die Qualität der angebotenen Steine auf dem Jademarkt sehr unterschiedlich ist und die Händler äußerst gewitzt sind, sollte man als Laie höchstens kleinere Stücke kaufen.

33 Ladies' Market

Damenstrümpfe und Dessous locken zu nächtlichem Einkaufsbummel.

Tung Choi Street
MTR Mong Kok
tgl. 12–23 Uhr

Einer der geschäftigsten **Nachtmärkte** Hongkongs findet in drei Parallelstraßen mitten im Herzen von Mong Kok statt. In der Mitte der von Ladenlokalen gesäumten Straßen bildet eine Doppelreihe leichter hölzerner Händlerstände gewissermaßen Einkaufsgassen, die man auf- und abflanieren kann. In der **Fa Yuen Street** findet man Sportbekleidung und -zubehör aller Art und die **Sai Yeung Choi**

Glückliches Geschick und böser Blick

Man muss in Hongkong oder Macau nur ein wenig an der rationalistischen Oberfläche kratzen, um auf kulturspezifische Vorstellungen und Gebräuche zu stoßen, die von Fremden, aber auch von jungen Chinesen vielfach als Manifestationen von **Aberglauben** abgetan werden. In Gebäuden wird z.B. bei der Nummerierung oft der 4., 14., 24. Stock usw. ausgelassen, da die Zahl vier im Kantonesischen ganz ähnlich klingt wie das Wort Tod und damit als Unglückszahl gilt. Überhaupt kommt der **Zahlenmagie** große Bedeutung zu: Null (kanton. leng = gut), drei (= langes Leben) und acht (= Geld, Reichtum) werden als ausgesprochen Glück bringend angesehen. Autokennzeichen oder Telefonnummern mit diesen **Lucky Numbers** bringen auf Auktionen oft ein Vermögen, stehen sie doch für **Joss**, d.h. für eine glückliche Hand und für Erfolg.

Man findet in Hongkong oder Macau keinen **Tempel** ohne Wahrsager. Sie deuten Gesichtszüge, Träume oder das **Chim**, die mit Bambusstäbchen gefüllte Dose, die man so lange schüttelt, bis ein Stäbchen herausfällt. Es trägt eine Nummer, die man sich gemäß seiner Fragestellung interpretieren lassen kann. Man kann aber auch die **Sing Pui** werfen, um göttliche Antworten zu erhalten. Fallen beide wie große Bohnen geformte Hölzer auf ihre plane Seite, heißt das ›Nein‹. Liegt einmal die gebogene Seite unten, ist das ein ›Ja‹. Zeigen beide flachen Seiten nach oben, muss man noch einmal werfen.

Bei der Festlegung wichtiger Termine verlässt man sich häufig auf die Empfehlungen von **Sternkundigen**, und bei der Beurteilung zwischenmenschlicher

Geister abwehren, Glück einladen – an Amuletten kann man nie genug haben

Konstellationen spielen die jeweiligen **Tierkreiszeichen** eine große Rolle. Außerdem schadet es z.B. nicht, kurz vor **Neujahr** rotpapierene Feng Shui-Zeichen und zwei Mun Sun, dralle Türgötter, an die Haustür zu kleben, alles Maßnahmen, die Glück und Wohlstand bringen sollen.

Auch **Farben** sind keineswegs wertneutral. So steht Rot zwar für Glück und Freude, sollte aber nicht täglich getragen oder benutzt werden. Die Dächer der Tempel bestehen meist aus grünlackierten Ziegeln, da diese Farbe den Göttern wohlgefällig ist. Gelb, traditionell die Farbe des Kaisers, soll böse Mächte abhalten, und Weiß schließlich ist die Farbe der Trauer. Wie auch im westlichen Kulturkreis helfen diese Vorstellungen den Menschen, sich in ihrer immer komplexer werdenden Welt zurechtzufinden. Als derartige Hilfestellungen haben sie sicher ihre Berechtigung – mag man nun daran glauben oder nicht.

Street ist bekannt für ihr reiches Angebot an Elektroartikeln. Dazwischen liegt die **Tung Choi Street**, in der hauptsächlich günstige Textilien angeboten werden, was dem gesamten Straßenmarkt die Bezeichnung *Ladies' Market* einbrachte. Der Name deutet an, dass bis vor einigen Jahren bevorzugt Bekleidung und Dessous für Damen angeboten wurde. Doch mittlerweile wurde das Sortiment umfassend erweitert, sodass man nun auch T-Shirts oder Seidenhemden, unechte Pelze oder Bademoden, Socken ebenso wie Hüte erstehen kann. Aber man sollte vor dem Kauf sorgfältig die Qualität prüfen, denn es werden meist Billigprodukte angeboten.

Zwar öffnen die meisten Händler bereits gegen Mittag ihre Stände, doch erst mit Einbruch der Dunkelheit setzt der eigentliche Kundenstrom ein. Etwa bis Mitternacht flanieren dann Einheimische und – vor allem asiatische – Touristen im Schein von Petroleumlampen und Flutlichtstrahlern durch die Budenstraßen.

Singvögel sind den Chinesen lieb und teuer – zu sehen am Yuen Po Street Bird Market

34 Bird Market

Begrünte Ladengasse für die sangesfreudigen Lieblinge der Nation.

Yuen Po Street
MTR Prince Edward
tgl. 7–20 Uhr

Im Norden von Mong Kok verläuft, parallel zur breiten verkehrsreichen Prince Edward Road West, die *Flower Market Road*. Wie der Name schon andeutet, ist sie von **Blumenläden** gesäumt, deren auf dem Gehsteig ausgestelltes Sortiment auch prächtige Topfpflanzen und -bäume sowie eine große Zahl von Bonsais umfasst. In östlicher Richtung beleben immer mehr Zoohandlungen das ohnehin schon bunte Straßenbild mit schaufens-tergroßen Aquarien, in denen Guppys, Rotpunktalmer und andere interessante Wasserbewohner ihre Farbenpracht zur Schau stellen.

Kurz vor der Eisenbahnbrücke mündet die Flower Market Road in die Yuen Po Street. Hier hat der berühmte **Vogelmarkt**, der einst im südlichen Mong Kok ansässig war, 1997 einen neuen Standort gefunden. Hinter dem durchbrochenen roten Eingangstor erstreckt sich, von einer Mauer umgeben, das schmale, längliche Gelände des Bird Market. Südlich des kleinen weißen Verwaltungsgebäudes ist es mit Pavillons, roten Säulen und Bänken unter schattigen Bäumen wie ein **Park** angelegt. Hier treffen sich gerne die Vogelfreunde der Nachbarschaft. Bei schönem Wetter bringen sie ihre gefiederten Lieblinge in den typischen Bambuskäfigen mit, und hängen diese nebeneinander an die Äste eines Baumes, damit auch die kleinen Piepmätze die Gesellschaft genießen können.

Stadtplanung à la Hongkong

Bei einem ersten Besuch in Hongkong sind westliche Gäste meist wie erschlagen ob des unübersehbaren Häusermeers, das etwa in Central Hong Kong, Kowloon oder in den neuen Satellitenstädten der New Territories emporragt. Wohin man schaut wachsen Hochhäuser 20–70 Stockwerke in den Himmel, und ständig werden neue gebaut. Neben Sir Norman Foster, Ieoh Ming Pei, Remo Riva und ihren Kolleginnen und Kollegen der internationalen Architektenelite tragen unzählige unbekannte Stadtentwickler zum **Höhenwachstum** bei, die im Auftrag der Regierung von Hongkong oder privater Unternehmen mehr oder minder einheitliche Büro- und Wohnklötze aus der Erde stampfen. Zu der Frage nach dem Sinn dieser architektonischen Megalomanie passt der zunehmende Unmut, der bezüglich der neuesten Landgewinnungsprojekte etwa um Olympia im Westen von Kowloon oder im Westen von Hong Kong Island laut wird. Manch einer befürchtet, dass in nicht allzu ferner Zukunft von Victoria Harbour höchstens noch eine schmale Fahrrinne übrig bleiben wird, wenn die **Landaufschüttungen** an der Küste von Hong Kong Island und Kowloon im gleichen Tempo weitergehen wie in den letzten Jahren.

Diesen Bedenken stehen jedoch, was Büroraum betrifft, **wirtschaftliche Interessen** entgegen, die in Hongkong immer Gehör finden. Außerdem herrscht in der Boomtown eine in Europa unvorstellbare **Wohnungsnot**. In ganz Asien gilt Hongkong gewissermaßen als Stadt der unbegrenzten Möglichkeiten. Wer hier Fuß fasst, hat die Möglichkeit, sich und seiner Familie mit Fleiß und Sparsamkeit ein besseres Leben aufzubauen. Entsprechend viele legale und illegale **Einwanderer** strömen in die Wirtschaftsmetro-

Berge von Obst – von Hongkongs Märkten täglich frisch auf den Tisch

Fleischliche Genüsse – Schwein am Spieß, mit Hingabe zubereitet

Wer einen Vogel kaufen will, sieht sich am besten im nördlichen Marktabschnitt um, wo an den Dachbalken der nach vorne offenen Läden allenthalben Vogelkäfige hängen. Die Luft ist erfüllt von süßlichem Geruch und vom Gezwitscher unzähliger Beos, Pracht- und Buntfinken, Lerchen, Drosseln und sonstiger gefiederter Sänger. Daneben wird allerlei Zubehör verkauft: Vogelkäfige, kunstvoll aus Bambus oder Holz gefertigt, Keramiktränken oder Futternäpfe sowie Lebendfutter – fingerlange, in Netzen abgepackte Heuschrecken. Selbst hier im Händlerbereich bleibt dank Blumenrabatten, Baumgruppen, Sitznischen und Bächlein der parkartige Charakter des Marktes erhalten. Ein Rundgang ist sehr stimmungsvoll, auch wenn man kein Andenken erstehen will.

pole am Perlfluss. 1998 zählte die Stadtregierung gut 56 000 legale Neuankömmlinge aus Mainland China, die Dunkelziffer illegaler Einwanderer aus China und anderen asiatischen Staaten dürfte ungleich höher sein. Doch wo sollen diese Menschen leben? Vor allem für die unteren Einkommensschichten ist Wohnraum knapp. Zwar ist die Situation heute nicht mehr so extrem wie noch in den 80er-Jahren des 20. Jh., als in Mong Kok mehr als 100 000 Einwohner pro km² gezählt wurden und sich nicht selten 20 Menschen, alt und jung, männlich und weiblich, ein 10 m² großes Zimmer teilen mussten. Viel zur Verbesserung trug das seit 1973 aufgelegte, leider immer wieder mit Finanzierungs- und Ausführungsskandalen in Zusammenhang gebrachte Wohnungsbauprogramm der Stadt bei. 1998 konnte das städtische Wohnungsamt etwas mehr als 37 000 Wohnungen zuweisen, 78 % davon mit Sozialbindung, doch nach wie vor ist der Bedarf bei weitem nicht gedeckt. Drangvolle Enge, Mehrfachbelegungen von Zimmern und nicht zugelassene, gefährliche Aufbauten auf Flachdächern sind an der Tagesordnung. Traurige Berühmtheit erlangten die sog. **Käfigmenschen**, die für einen abschließbaren, knapp 2 m² großen Drahtkäfig zum Leben und Schlafen bis zu 500 HK-$ Wochenmiete zahlten, ein Großteil ihres kargen Verdienstes. In stillgelegten Lagerhallen passten bis zu 150 solcher Verhaue nebeneinander, zehn Reihen übereinander waren nicht selten – für den ›Vermieter‹ ein lukratives Geschäft. Kein Wunder also, dass vielen Einwohnern Hongkongs eine eigene Sozialwohnung in einem der für westliche Augen oft seelenlos wirkenden Wohnblocks ungeheuer verlockend erscheint. Das richtige Maß zwischen menschlichen Ansprüchen und ökologischen Rücksichten zu finden, wird Aufgabe der Zukunft sein.

Wong Tai Sin gilt als volkstümlicher Gott, entsprechend gut besucht ist sein Tempel ▷

35 Wong Tai Sin Temple

TOP TIPP

In Hongkongs größtem Tempel bitten täglich Tausende um Glück – im Leben, in der Liebe und beim Wetten.

Lung Cheung Road
MTR Wong Tai Sin
tgl. 7–17.30 Uhr

Rund 1,5 km nördlich des alten Flughafens Kai Tak liegt im Außenbezirk *Wong Tai Sin* der 1971–73 auf den Resten eines älteren Heiligtums neu errichtete Tempel gleichen Namens. Inmitten von betongrauen Wohnhochhäusern führt ein breiter Weg leicht hügelan zu der ausgedehnten Anlage, der größten und meist besuchten der Stadt.

Bei der Spendenbox am Eingang gabelt sich der Weg. In der Haupthalle links wird der taoistische Gott **Wong Tai Sin** verehrt, ein einst sterblicher Schafhirte, der noch zu Lebzeiten ob seiner Heilkünste vergöttlicht wurde. Da der Gott auch die Zukunft deuten kann, wird er von den Gläubigen gerne vor Pferderennen angerufen. Ein prächtiger offener Wandelgang umgibt den etwa 8 × 12 m umfassenden Vorplatz, dessen Nordseite der eigentliche Tempel einnimmt. Eine fast 1 m hohe Brüstung verwehrt den Zugang, doch erkennt man in dem trotz des vielen Goldschmucks düsteren Innenraum einen üppig geschnitzten Pagodenschrein mit drei Dächern. Mehrere Löwenstatuen bewachen das Heiligtum, links hängt eine große Glocke. Stilisierte Lotusblüten schmücken die steinernen Sichtgitter entlang der offenen Front des Tempels.

Wer möchte nicht mal gerne einen Blick in die Zukunft werfen? Die Wahrsager im Wong Tai Sin Temple machen es möglich und interpretieren die Zeichen der Zeit

Auf dem **Vorplatz** nehmen große Metallgefäße die unzähligen Räucherstäbchen auf, die zu Ehren der Gottheit entzündet werden. Stets bedecken zahlreiche Früchte, Süßigkeiten und andere Opfergaben einen langen Marmortisch. Helferinnen und Helfer in gelben T-Shirts räumen in regelmäßigen Abständen immer wieder alles weg, um Platz für weitere Geschenke zu schaffen. Der Andrang der Gläubigen ist enorm, hierher kommen Jung und Alt, Mann und Frau, Reich und Arm. Immerhin ist Wong Tai Sin dafür bekannt, schon des öfteren die Gewinnzahlen diverser Wetten vorab verraten zu haben. Entsprechend zahlreich sind in diesem großen Tempel auch die Wahrsager, Handleser und Gesichtsdeuter vertreten. Über zwei Stockwerke mit je zwei Gängen erstrecken sich ihre Stände und offenen Büros in dem hufeisenförmigen Gebäude gegenüber dem Haupttempel und großen Versammlungsplatz. In hohen roten Lettern steht darüber auch auf Englisch *Fortune-Telling and Oblation Arcade* zu lesen, Wahrsage- und Opfergaben-Passage.

Nach der Besichtigung des Haupttempels kann man sich noch die anderen Gebäude anschauen. Vom Eingang führt der rechte Weg vorbei an dem gelben Klinkerbau der *Sik Sik Yuen Clinic* für traditionelle asiatische Medizin und der hohen geschlossenen *Confucius Hall* zu einem reizenden achteckigen **Pavillon**. Acht rote Säulen tragen das polygonale geschwungene Dach aus gelben Ziegeln, auf dem First reiten die Figuren eines Hahns, eines Drachens und eines Phoenix. Die schwarzen Deckenbalken im Inneren sind mit geschnitzten, vergoldeten Drachen verziert, umrankt von grün-rot bemalten Blüten. Kunstvolles hölzernes Gitterwerk bildet die Wände, es lässt allerdings nur wenig Licht ins Innere. So kann man von dem mit einer Kordel abgesperrten Eingang aus die Götterstatuen leider nicht recht erkennen, die sich in fünf verglasten Schreinen auf einem zentralen Podest befinden.

Hinter diesem Tempelchen zieht sich der **Good Wish Garden** (geringe Eintrittsgebühr, Di–So 9–16 Uhr) links den Hang entlang. Sein Besuch empfiehlt sich als Abschluss, denn der Weg endet außerhalb des Tempelbezirks. Der Garten selbst ist mit geschlängelten Stegen über Wasserläufen, Ruhepavillons, Schildkrötenbecken und Goldfischteichen sehr ansprechend angelegt. Landschaftsgärtnerischer Höhepunkt ist – in Anspielung auf Kowloon – die *Mauer der neun Drachen* inmitten eines kleinen, von Papyrus und Bambus gerahmten Sees.

萬佛塔
運轉鴻鈞福星照
登塔轉運運亨通

New Territories – die grüne Seite von Hongkong

Nördlich der Halbinsel Kowloon liegt ein für die meisten ausländischen Besucher weitgehend unbekannter Teil Hongkongs. In dem bergigen, an den Küsten buchtenreichen Gebiet von etwa 30 km Nord-Süd- und gut 50 km West-Ost-Ausdehnung ragen heute Wohnblöcke von *New Towns* in den Himmel, modernen **Trabantenstädten** wie Tsuen Wan oder Tuen Mun mit 200 000 bis 600 000 Einwohnern. Die Umgebung jedoch besteht aus grünen Hügeln, lieblichen Weiden und fruchtbaren Feldern. Dazwischen liegen an Flüssen und Seen alte gewachsene Dörfer, und auch der höchste Berg Hongkongs, der 957 m messende *Tai Mo Shan* erhebt sich hier. 794 km^2 umfassen diese so genannten **New Territories**, die ›neuen Gebiete‹, die China im Juni 1898 auf 99 Jahre an Großbritannien verpachtete.

Mittlerweile wäre Hongkong ohne dieses Hinterland nicht mehr lebensfähig. Zum einen tragen die dortigen landwirtschaftlichen Betriebe und die Trinkwasservorräte maßgeblich zur Versorgung der Millionenstadt bei. Zum anderen bieten die Kerngebiete Hongkongs nicht mehr genug Raum für die rasch anwachsende Bevölkerung. Um dieses Problem in den Griff zu bekommen, startete die Stadt Anfang der 70er-Jahre des 20. Jh. ein gewaltiges Bauprogramm und errichtete mehrere Satellitenstädte im Grünen. Mittlerweile lebt ca. die Hälfte der Hongkonger Bevölkerung, nämlich rund 3,5 Mio. Menschen, in den New Territories. Daneben gibt es hier aber nach wie vor viel Naturraum. Die New Territories verfügen über vielfältige **Naherholungsregionen**, von den Sandstränden der *Gold Coast* im Süd- bis zur vogelreichen Wattlandschaft *Mui Wo* im Nordwesten. Dazwischen locken verschiedenartige Attraktionen wie das *Kloster der 10 000 Buddhas* oder die Pferderennbahn in **Sha Tin**, der bäuerliche Wochenmarkt neben dem *Eisenbahnmuseum* in **Tai Po** oder die ausgedehnten Wälder mehrerer Country Parks.

36 Sha Tin

Kloster und Tempel der 10 000 Buddhas sowie die zweite Pferderennbahn Hongkongs sind beliebte Ausflugsziele in den New Territories.

KCR Sha Tin

In den Wolkenkratzern von Sha Tin und den wenigen niedrigen Häuschen zwischen ihnen wohnen heute rund 480 000 Menschen. Die meisten von ihnen pendeln täglich nach Kowloon oder Hong Kong Island zur Arbeit. An den Wochenenden von September bis Juni jedoch nimmt der Menschenstrom die umgekehrte Richtung. Dann ›pilgern‹ Zehntausende zum 1978 eröffneten **Sha Tin Race Course**, in dem der Hong Kong Jockey Club [s. S. 42] Pferderennen abhält. 83 000 Menschen fassen die Sitzreihen der modernen Rennbahn, deren Oval sich unübersehbar inmitten der 8 ha großen gepflegten Grünflächen des *Penfold Park* im Osten von Sha Tin erhebt.

◁ *Der Rote Platz von Sha Tin: Die neunstöckige Pagode ist weithin sichtbares Wahrzeichen des Klosters der 10 000 Buddhas*

TOP TIPP Bedeutend ruhiger geht es im **Monastery of the Ten Thousand Buddhas** (tgl. 8–18.30 Uhr) zu. Vom Bahnhofsvorplatz in Sha Tin kommend sieht man aus dem Laubdach der umliegenden Hügel links die rote Pagode des

Oben: *Zahlreiche Schreine und Altäre umgeben den Platz vor der Haupthalle des Klosters der 10 000 Buddhas*
Unten: *Völkerwanderung – 80 000 Zuschauer pilgern an Renntagen zum Sha Tin Race Course*

Klosters hervorleuchten. Die Tempelanlage ist nur zu Fuß zu erreichen, der Weg ist ausgeschildert. Man darf nur am Fuß des Hügels nicht irre gehen, wo eine überdachte Rolltreppe bequem den steilen Hang hinauf führt. Oben befindet man sich aber inmitten der *Bo Fook Ancestral Worship Halls*, Ahnenhallen, und eines zugehörigen Urnenfriedhofs.

Will man zum Tempel der 10 000 Buddhas, lässt man die Ahnenhallen links liegen. Über schmale Fußwege, steile Pfade und Treppenstufen geht es zu dem eingeebneten Hügelplateau hinauf. Von oben genießt man eine grandiose Aussicht über die Hochhauskonglomerate von Sha Tin hinweg auf die umliegenden Berge. Den weiten Platz vor dem Tempel rahmen ein einfaches Restaurant und mehrere Hallen, in denen bunt bemalte Gipsfiguren zu sehen sind. Diese stellen u.a. die *18 Luohan* dar, bedeutende Schüler Buddhas, die, nachdem dieser ins Nirwana eingegangen war, für die Verbreitung seiner Lehren sorgten. In der Hofmitte findet man die seltene Darstellung eines fastenden Buddhas, daneben verschiedene Tiere, einen weißen Elefanten und einen blauen Löwen. Gegenüber der schon von weitem sichtbaren, rotgekachelten neunstöckigen Pagode und einem Bronzekessel für Räucheropfer erhebt sich die 1957 erbaute, etwa 9 m hohe **Tempelhalle**. Ihre Innenwände sind ringsum von der Bodenleiste bis unter das geschnitzte Dachgesims mit kästchenartig unterteilten Regalen ausgestattet. Darin sitzen, 31 Reihen hoch, unzählige 20–30 cm hohe Figuren sitzender meditierender Buddhas. Sie alle glänzen golden im Licht der zahllosen Kerzen, die Gläubige vor dem zentralen Altarschrein angezündet haben, schwer liegt der Duft von Räucherstäbchen in der Luft. 1950 gründete der Mönch *Yuet Kai* (1878–1965) das Kloster und man erzählt sich, er habe all die Buddhastatuen eigenhändig angefertigt. Zahlreiche weitere Darstellungen des Erleuchteten, von 8 cm bis 3 m Höhe, sind in dem blumengeschmückten Raum und auf den beiden kegelförmigen Podesten beiderseits des Altars zu sehen. Man darf annehmen, dass die Zahl der hier aufgestellten Buddhas 10 000 um einiges überschreitet.

Hinter der Haupthalle führt ein schmaler Fußweg weiter bergauf zu den Klostergebäuden der Mönche. Hier stehen weitere Tempelschreine, die jedoch meist verschlossen sind, darunter der **Man Fat Tze** mit dem mumifizierten Leichnam des Klostergründers.

Zurück in der Stadt lohnt sich noch ein Besuch im **Hong Kong Heritage Museum** (1 Man Lam Road, www.heritagemuseum.gov.hk, Tel. 21 80 81 88, Mo/Mi–Sa 10–18, So/Fei 10–19 Uhr) mit seiner reichen Sammlung zu chinesischer Geschichte, Kunst und Kultur. Es liegt eine knappe Viertelstunde Fußweg vom Sha Tin Bahnhof südwärts, von dem Sa und So sogar ein freier Shuttle-Bus dorthin geht. Das Museum ist nicht zuletzt wegen seiner viel genutzten Bühne für Kantonoper bei Einheimischen sehr beliebt.

37 Tai Po

Ein alter Tempel, ein kleines Eisenbahnmuseum und ein traditioneller Markt trotzen der Moderne.

KCR Tai Po Station

300 000 Einwohner zählt die Hafenstadt Tai Po an der tiefen Tolo Bucht heute, 1975 waren es noch 25 000. Damals war die angenehme Kleinstadt in den Hügeln zwischen *Lam Tsuen Valley* und *Tolo Harbour* hauptsächlich von Bauern und Perlenfischern bewohnt. Diese alten Zeiten

Wohin man auch schaut, Buddha ist allgegenwärtig – zumindest in der Haupthalle des Tempels der 10 000 Buddhas

Die alten Hakka-Frauen von Kat Hing Wai sind selbstbewusste Matriarchinnen

Feudalherrschaft und Bandenwesen

Viele Jahrhunderte lebten die Bewohner der ländlichen Gebiete rund um Hongkong, als **Clans** organisiert, in recht weit voneinander entfernten Dörfern. Diese umgaben sie zum Schutz vor Überfällen häufig mit hohen, starken Mauern. Als die Briten 1898 die ausgedehnten New Territories von China pachteten, handelten mehrere Clans **Sonderkonditionen** aus. Diese besagten, dass die jeweiligen Oberhäupter innerhalb ihrer Dorfmauern absolute Verfügungsgewalt hätten, und dass diese abgeschlossenen Ortschaften folglich nicht unter britische Verwaltung oder Gerichtsbarkeit fielen.

Doch die zugesicherte Eigenständigkeit geriet außer Kontrolle, und bald wandelten sich die **Walled Cities** oder **Walled Villages** zu rechtsfreien Räumen, zu Brutstätten des Verbrechens, in denen nur das Gesetz des Stärkeren galt. Gleichzeitig fanden hier im 20. Jh. viele illegale chinesische und vietnamesische Flüchtlinge Unterschlupf und Schutz vor dem Zugriff der Behörden. Die hoffnungslose Überfüllung verschärfte u. a. die verheerenden hygienischen Bedingungen.

Erst 1984 wurde die letzte dieser Walled Cities im Stadtteil Kowloon City aufgelöst, die Bewohner wurden umgesiedelt und die Mauern geschleift. An dieser Stelle erstreckt sich nun der 2,7 ha große **Kowloon City Park**. Ein intaktes, noch bewohntes ummauertes Dorf kann man bei Kam Tin in den New Territories sehen, zu erreichen mit dem Bus Nr. 51 ab Tsuen Wan. Dieses **Kat Hing Wai**, ein im 17. Jh. entstandenes Dorf des Tang-Clans, der bereits seit dem 10. Jh. im Gebiet der heutigen New Territories siedelte, besteht aus niedrigen Häusern und einer gut 2 m hohen Mauer, die durch etwa 6 m hohe viereckige Wachtürme verstärkt wird. An der schmalen Eingangspforte zahlt man einen geringen Eintritt, dann kann man sich in den drei parallel laufenden Dorfgassen umschauen. Gern werden die älteren Damen in ihren traditionell dunklen Gewändern mit dem typischen schwarz verhängten Hut fotografiert, das kostet allerdings extra.

TOP TIPP scheinen im täglich stattfinden den **Tai Po Market** wieder lebendig zu werden. Vom Bahnhof kommend hält man sich stets rechts und folgt am besten dem Menschenstrom. Schon nach wenigen hundert Metern erreicht man die ersten Stände und offenen Läden. In den lebhaften Marktgassen riecht es nach Gewürzen und Fisch, man kann Frischfleisch und Arzneien kaufen, es gibt T-Shirts, Schmuck und Süßigkeiten. Für die angemessene Geräuschkulisse sorgen feilschende Kunden und Händlerinnen, die lautstark ihre Ware anpreisen.

Wer sich von diesem Getümmel etwas erholen möchte, kann dem kleinen, 1892 errichteten **Man Mo Temple** am Ende der Fu Shin Street einen Besuch abstatten. Im winzigen Vorgarten spielen stets einige Männer Mah Jongg, und auch im weihrauchgeschwärzten Inneren des Tempels für das göttliche Zweigespann Man und Mo herrscht eine beschauliche Stimmung. *Man*, der Gott der Literatur, wird hier mit einem Schreibpinsel als Attribut dargestellt, *Mo*, der Gott des Krieges, mit einem Schwert.

Folgt man der Gasse auf der Rückseite des Tempelchens zurück Richtung Markt, trifft man rechts in der letzten Kurve auf das **Hong Kong Railway Museum** (13 Shun Tak Street, Tel. 26 53 34 55, Mi–Mo 9–17 Uhr). Es ist in dem kleinen, 1913 im chinesischen Stil errichteten Bahnhofsgebäude der *Hong Kong Canton Railway* untergebracht. Das Gebäude mit dem geschwungenen grünen Ziegeldrachenfirst wurde sorgfältig restauriert. In den beiden Räumen im Erdgeschoss geben zahlreiche Exponate Einblicke in die Historie der Hongkonger Eisenbahn. Zu sehen sind das originale Stellwerk aus dem 19. Jh., der Zeitungsbericht der ersten Bahnfahrt auf dieser Strecke, Tickets, Positionslaternen etc. Auf den stillgelegten Gleisen des dazugehörigen Freigeländes sind einige Loks und Waggons abgestellt, die man nur von außen besichtigen kann.

Ausflug

Ein interessanter Abstecher führt von Tai Po aus mit der Kowloon Canton Railway (KCR) Richtung Norden, über Fan Ling und Sheung Shui zur Endstation **Lo Wu**. Die gesichtslose Satellitenstadt liegt an der Grenze zwischen Hongkong und der sich nördlich anschließenden Sonderwirtschaftszone **Shenzhen**. Neben dem Bahnhof befindet sich der Grenzübergang, an dem auch westliche Touristen meist ohne Probleme ein bis zu drei Tage gültiges Visum erhalten. Mit seinen ca. 4,5 Mio. Einwohnern gehört Shenzhen neben Zhu Hai bei Macau, Xia Men (Fujian) und Shan Tou (Guangdong) zu den wirtschaftlich enorm erfolgreichen *Boomtowns* der sog. *Special Administration Regions (SAR)*. Die Volksrepublik China hatte diese *Sonderverwalteten Regionen*

Geben und Nehmen an einem Obststand auf dem belebten Markt von Tai Po

in den 1990er-Jahren als marktwirtschaftliche Experimente ins Leben gerufen – als praktische Anwendung des Grundsatzes ›Ein Land, zwei Systeme‹. Auch Hongkong und Macau genießen diesen Sonderstatus.

Erwartungen, hier nostalgisches China-Flair genießen zu können, werden in Shenzhen mit seinen einförmigen Hochhaussiedlungen und den breiten Boulevards nicht erfüllt. Doch ein Besuch lohnt sich in jedem Fall, sei es um die wirtschaftliche Aufbruchsstimmung mitzubekommen, die selbst bei den Menschen auf der Straße spürbar ist, oder um die hier besonders exotischen **Märkte** mit ihren vielfältigen Gemüseauslagen und dem Fleischangebot von Huhn bis Hund zu bestaunen. Unterhaltsam ist auch ein Bummel durch die gleich hinter der Grenze beginnende Hauptstraße *Renmin Nan Lu*. In den dortigen Geschäften kann man mit HK-$ sehr günstig Souvenirs wie Seide, Tuschzeichnungen und Steinmetzarbeiten oder Gegenstände des täglichen Gebrauchs erwerben.

38 Mai Po Nature Reserve

Das ökologisch wertvolle Marschland im Nordwesten ist die Heimat zahlreicher Vogelarten.

KCR Sheung Shui, dann Bus 76K oder Minibus 18 nach Mai Po Village

Die Feuchtgebiete von Mai Po an der *Deep Bay* im Nordwesten der New Territories sind einzigartig in Hongkong. 1500 ha Mangroven, Schilf und Sumpfgraswiesen, gesprenkelt mit Buschgruppen und vereinzelten Schirmakazien, sind die Heimat von Königsfischern und Regenpfeifern, Strandläufern und Störchen. Insgesamt mehr als 340 Vogelarten zählen Ornithologen in **Mai Po**, mehrere davon vom Aussterben bedroht. Hinzu kommen mehr als 50 Arten von Schmetterlingen, es gibt Libellen, Schlangen, Wildkatzen, seltene Fledermäuse sowie eine Vielzahl von Meeres- und Küstenbewohnern.

Seit 1995 stehen 380 ha des Ökosystems als Mai Po Nature Reserve unter

◁ *Hongkong ist auch architektonisch Vorbild für die Sonderwirtschaftszone Shenzhen*

Schutz. Besucher können nach Voranmeldung beim *Mai Po Peter Scott Field Studies Centre* (Tel. 2471 8272) oder dem der *WWF Hong Kong* (www.wwf.org.hk, Tel. 25 26 44 73) an Führungen durch die faszinierende Landschaft teilnehmen. Auch für die etwa einstündige Wanderung über die Holzplanken des **Mangrove Boardwalk** muss man sich zunächst einmal anmelden, vor Ort kann man dann auf diesem Pfad die Küstenregion auf eigene Faust erkunden. In dem Mangrovengürtel außerhalb des Naturschutzgebietes liegen von den Gezeiten immer wieder überflutete Brackwassertümpel die sog. **Gei Wai**, in denen Fischer schon seit Menschengedenken Krabben züchtet – ohne das ökologische Gleichgewicht zu stören.

Südwestlich des Dorfes Mai Po steht der **Hong Kong Wetland Park** (www.afcd.gov.hk/wetlandpark, KCR Tin Shui Wai, dann Light Rail 705 bis Wetland Park, Tel. 31 52 26 66) kurz vor seiner (Wieder-) Eröffnung. Die Freifläche des Parks umfasst insgesamt rund 61 ha und wird ergänzt durch ein modernes, 10 000 m^2 großes Visitor Centre zu Biodiversität, Zivilisation und Erhalt .

Wanderfreuden in Hongkong

Die New Territories sind von einem ausgedehnten, durch wunderbare Landschaften führenden **Wanderwegenetz** durchzogen, das die meisten Besucher Hongkongs aus Zeitmangel kaum erkunden. Gleichwohl bietet die Millionenmetropole einige ansprechende Mehrtageswanderungen, wie beispielsweise den **MacLehose Trail** quer durch die New Territories.

Lord Murray MacLehose, 1971–82 britischer Gouverneur von Hongkong, war Namenspate für diesen rund 110 km langen Weg von Tuen Mun an der westlichen Gold Coast zur Bucht Long Ke Wan an der Ostküste. Er führt durch abwechslungsreiches Hügelland und berührt dabei u. a. den Marktort **Tai Po**, den Stausee des **Shing Mun Reservoir** und sogar den **Tai Mo Shan**, den mit 957 m höchsten Berg Hongkongs. Für den gesamten, gut ausgeschilderten, jedoch mitunter unbefestigten Pfad veranschlagen erfahrene Wanderer mit der nötigen Kondition zwei Tage; die meisten lassen sich jedoch etwas mehr Zeit und bewältigen die Strecke in drei Tagen. Man kann auch nur Teilstücke gehen, denn der MacLehose Trail ist in zehn Abschnitte von jeweils 6–16 km eingeteilt, die je nach körperlicher Fitness und Zeitplan einzeln oder kombiniert in Angriff genommen werden können. Die Anfangs- bzw. Endpunkte der meisten Etappen erreicht man bequem mit öffentlichen Verkehrsmitteln.

Detaillierte Wegbeschreibungen des MacLehose- und anderer Trails im Stadtgebiet bietet das empfehlenswerte Büchlein **Exploring Hong Kongs Country Side – A Visitor's Companion**, das in den Geschäftsstellen des Hong Kong Tourist Board [s. S. 111] gegen eine Schutzgebühr erhältlich ist.

Outlying Islands – Beschaulichkeit und Ruhe vor den Toren der Großstadt

Von den zahlreichen Inseln im *Südchinesischen Meer* gehören neben Hong Kong Island 235 weitere Eilande zu Hongkongs Territorium. England hatte sie 1898 zusammen mit den New Territories auf 99 Jahre von China gepachtet. Viele dieser so genannten Outlying Islands sind unbewohnt oder stehen unter Naturschutz, doch immerhin leben auf einer Landfläche von insgesamt etwa 175 km^2 mehr als 200 000 Menschen. Lange Zeit lag **Lantau Island**, mit 142 km^2 die größte Insel der Sonderwirtschaftszone, ruhig und wenig beachtet gute 20 km westlich von Kowloon. Kaum ein Fremder besuchte die malerischen Fischerdörfer und Strände an der Küste oder die schattigen Wälder im bergigen Inselinneren. Sogar auf den Berg Ngong Ping zum Kloster **Po Lin**, das heute dank seiner riesigen Buddhastatue als eines der bedeutendsten buddhistischen Heiligtümer der Welt gilt, pilgerten hauptsächlich Gläubige. Seit Kurzem führt die jedoch eine Panoramagondelbahn, die sog. **Ngong Ping 360 Skyrail**, ganz nahe daran vorbei, in 25 Minuten von der Metrostation Tung Chung zum Themenpark ›Buddhistisches Dorf‹ auf dem Ngong Ping.

Mit der Ruhe auf Lantau Island war es bereits zuvor vorbei, spätestens, als Ende des 20. Jh. die Stadtregierung von Hongkong im Norden der Insel auf 1248 ha neu gewonnenem Land den gigantischen **Chek Lap Kok Airport** errichtete, der den alten innerstädtischen Flugenhafen *Kai Tak* in Kowloon ablöste. Das Passagieraufkommen beträgt derzeit jährlich 36 Mio.; eine Erweiterung des Flughafens ist bereits geplant. Der Airport-Neubau war nicht unumstritten. Umweltschützer befürchteten u. a. eine Gefährdung der seltenen *Pink Dolphins*, der rosafarbenen Delphine, die ausschließlich in diesen Gewässern vorkommen, durch Einschränkung und Belastung ihres Lebensraumes.

Doch der Umbruch ist nicht aufzuhalten. Beispielsweise soll das als **Country Park** ausgewiesene bergige und waldreiche Inselinnere Wanderern und Mountainbikern besser zugänglich gemacht werden. Zudem eröffnete im Jahr 2005 in Penny's Bay im Nordosten von Lantau Island, nicht weit vom Flughafen, ein **Disneyland Hong Kong**, ein Vergnügungspark nach bekanntem amerikanischem Vorbild, der bis zu 5,5 Mio. Besucher pro Jahr anziehen soll.

Dagegen sind die kleineren, südöstlich von Lantau Island gelegenen Inseln **Lamma Island** und **Cheung Chau** hauptsächlich von regionaler Bedeutung, als stadtnahe Wohnorte im Grünen sowie als Naherholungsgebiete. Sandige Buchten entlang der Küsten sowie hügeliges, bewaldetes Binnenland locken besonders an den Wochenenden zahllose Ausflügler an. Dann wird es auf den Fähren aus der Großstadt bisweilen etwas voll. Auf beiden Inseln kann man auch schöne Wanderungen unternehmen oder das Alltagsleben in Fischerdörfern genießen, einen beschaulichen Strandaufenthalt einplanen oder frische Meerestiere in einem der vielen Restaurants an einer Hafenpromenade kosten. Hier verläuft das Leben geruhsamer als im Hochhausdschungel von Hong Kong Island oder Kowloon, und das macht einen Besuch so reizvoll. Autos sind übrigens nicht zugelassen.

◁ *Selbst wenn nicht alle Besucher des Tian Tan Buddhas im Po Lin-Kloster auf Lantau Island nach Höherem streben, alle führt der Weg nach oben*

39 Lantau Island

Insel der Superlative: Sitz des Hongkonger Flughafens Chek Lap Kok, des Vergnügungsparks Disneyland Hong Kong und einer der weltgrößten Buddhastatuen.

Mui Wo – Cheung Sha – Disneyland Hong Kong –Po Lin Monastery – Tai O
Fähre Hong Kong Island, Central, Outlying Islands Pier 7 (Mo–Sa 8.30–22 Uhr, alle halbe Stunde, sonst stündlich; abwechselnd Drei-Deck-Fähren und Schnellfähren) nach Mui Wo, dann Bus 2 nach Ngong Ping oder: MTR nach Tung Chung, dann Bus 23 oder Seilbahn ›Ngong Ping 360 Skyrail‹ nach Ngong Ping

Der kleine Fährhafen **Mui Wo** im Osten von Lantau bietet keine touristischen Sehenswürdigkeiten. Daher steigen die meisten Besucher gleich von der Fähre in den vor dem Terminal wartenden Bus nach Po Lin um. Wer sich vorher noch die Beine vertreten will, hat die Gegend um den Fähranleger mit Busbahnhof, Bank, Immobilienhändler und Fastfood-Restaurant schnell erkundet. Rechts führt die Straße zum alten Stadtkern, vorbei an mehreren *Food Stalls*, die je nach Tageszeit chinesisches Frühstück, Reis und Tee oder frischen Fisch anbieten.

Dahinter beginnt gleich die lang gezogene, nach einer inzwischen stillgelegten Silbermine benannte **Silvermine Bay** mit ihrem schmalen, doch feinen hellen Sandstrand. Er hebt sich schimmernd vom Grün der umliegenden Wälder ab. Im Scheitelpunkt der Bucht liegt hinter dem einstöckigen Kolonialbau des Silvermine Hotels der überschaubare Altstadtkern von Mui Wo, mit typischen Häuschen, offenen Ladenfronten, Marktgassen und einem Hallenbad. Neben dem dortigen Busbahnhof wird die Erinne-

Der Blick vom Lantau Peak bestätigt, dass der Tian Tan Buddha das Tal beherrscht

Gipfelstürmer auf Lantau

Eine angenehme, etwa zweistündige Wanderung führt jenseits des Klosters Po Lin auf den mit 934 m höchsten Berg der Insel, Fung Wong Shan, besser bekannt als **Lantau Peak**. Der relativ breite, vom Busrondell in Po Lin ausgeschilderte Pfad führt zunächst durch lichten Nutzwald, vorbei an einer ausgedienten Jugendherberge, einem bescheidenen Café-Restaurant und den mageren Resten einer in den 50er-Jahren des 20. Jh. angelegten Teeplantage. Dann wird die Vegetation spärlicher und hört kurz vor dem Gipfel ganz auf. Bei klarem Wetter wandert der Blick von oben ungehindert über die ganze Insel und weit darüber hinaus. Mit dem stets dunstumwölkten Hongkong im Rücken liegt dem Betrachter das Südchinesische Meer zu Füßen und dehnt sich scheinbar grenzenlos bis zum Horizont aus.

Der Lantau Peak ist auch Glanzpunkt einer längeren und wegen der zu überwindenden Höhendifferenzen durchaus anspruchsvollen Trekking-Tour, des **Lantau Trail**. Die gesamte Wanderung, für die mehrere Tage einzuplanen sind, führt von Mui Wo 70 km entlang der Südküste nach Fan Lau im äußersten Südwesten und weiter nach Norden. Dort zweigt sie kurz vor Tai O in östlicher Richtung ins Landesinnere ab. Neben dem Lantau Peak werden auch der 459 m hohe Keung Shan und der mit 869 m zweithöchste Berg der Insel, der Tai Tung Shan, überwunden. Der gut ausgeschilderte Rundweg – verlaufen wird man sich nicht – kann in beiden Richtungen zurückgelegt werden. Wer nur ein Stück des Trails gehen möchte, kann vom Kloster Po Lin über den Tai Tung Shan nach Mui Wo wandern, landschaftlich und von den Ausblicken her ist dies der schönste Routenabschnitt.

Der Klosterkomplex von Po Lin ist reich an prachtvollen Gebetsräumen und -hallen

rung an die britische Vergangenheit gepflegt, wenn ältere Herrschaften, ganz in Weiß gekleidet, auf grünem Rasen gepflegt Cricket spielen.

Cheung Sha

Fährt man mit dem Bus von Mui Wo nach Po Lin oder Tai O, kann man unterwegs in dem Straßendorf Cheung Sha aussteigen. Hier an Lantaus Südküste erstreckt sich über mehrere Kilometer feiner heller Sand – der längste **Strand** Hongkongs. An Wochenenden ist er von erholungssuchenden Einheimischen stark frequentiert. In der Nähe der Bushaltestellen an der Küstenstraße gibt es eine gewisse Infrastruktur, sprich Restaurants und Geschäfte. Es lohnt sich aber auch, die etwas entfernteren Strandabschnitte für einen Spaziergang oder zum Sonnenbaden aufzusuchen.

Disneyland Hong Kong

MTR Sunny Bay, dann Disneyland Resort Line zur Zielstation;
Bus R11, R21, R22, R33, R42 (morgens und abends während der Stoßzeiten);
Fähre – voraussichtlich 2007
www.hongkongdisneyland.com
tgl. 10–20 Uhr

Adventure Land, Tomorrow Land, Fantasy Land und Main Street USA, die gewissermaßen architektionisch überzuckerte Version einer amerikansichen Südstaatenkleinstadtidylle – auf rund 126 ha erstreckt sich der im September 2005 eröffnete **Vergnügungspark** an Lantaus Südküste. Jährlich sollen hier bis zu 5,5 Mio. große und kleine Besucher bei Feuerwerk und ›Fliegenden Elefanten‹, Riesenrad- und Raketenfahrten, Mickeyparade und Märchenschloss dem Zauber des ›Magischen Königreichs‹ erliegen.

Stets kühlt ein Lüftchen von unten her die Pfahlhäuser von Tai O auf Lantau Island

Po Lin Monastery

Ngong Ping; ab Mui Wo Bus 2 oder ab Tung Chung Bus 23
tgl. 10–18 Uhr

Eine schönere Lage für ein buddhistisches Kloster ist kaum vorstellbar: hoch oben in den Bergen von Lantau Island, abgeschieden, friedlich und mit einer weiten Sicht über das Meer ringsum. Schon die rund 40-minütige Anfahrt von Mui Wo (Bus 2 Richtung Ngong Ping, Mo–Sa stündlich, So/Fei halbstündlich) zur 520 m hoch gelegenen ›Berg‹ *Ngong Ping* stimmt den Besucher ein: In weiten Kehren windet sich die gut ausgebaute Straße an Hängen entlang, mal blinkt das rote Dach eines Tempelgebäudes durch die Bäume im Tal, mal öffnet sich ein weiter Blick auf die Wasserfläche des *Shek Pik Stausees*.

Dann ist Po Lin Monastery, das ›Kloster des kostbaren Lotus‹, erreicht. Vom eigentlichen Klosterkomplex ist außer einem frei stehenden Torbogen zunächst nichts zu sehen. Dafür fällt auf dem *Muk Yu Hügel* im Süden sofort das Wahrzeichen von Po Lin auf: die Bronzestatue des **Tian Tan Buddha**, lächelnd mit untergeschlagenen Beinen auf einem zwölfblättrigen Lotusthron sitzend, die rechte Hand zu einer meditativ-segnenden Geste erhoben – die weltweit größte Skulptur eines thronenden Buddha. Der bronzene Hohlkörper allein ist 26 m hoch und mit einem Gewicht von 202 t ein echter Koloss. Seine rund 160 Einzelteile wurden im chinesischen Nanjing gefertigt und erst vor Ort zusammengefügt. Mit dem steinernen Unterbau erreicht die Figur sogar eine Höhe von 34 m. Die Fertigungskosten von fast 70 Mio. HK-$ finanzierten gläubige Buddhisten aus aller Welt durch Spenden. 1993, nach fünfjähriger Bauzeit, konnte der gigantische Buddha feierlich eingeweiht werden. Seither sorgt die Statue für einen steten Ansturm auf Po Lin, denn sie gehört zu den spektakulärsten Sehenswürdigkeiten von Hongkong und kaum ein Gläubigen oder Touristen lässt sie aus.

268 Stufen führen zu der kreisrunden, balustradenumgebenen Plattform hinauf, auf der mehrere kniende weibliche Bronzefiguren dem Buddha Gaben wie Feuer, Weihrauch, Blumen, Salben, Früchte und einen Gong anbieten. Von hier oben ist der **Ausblick** ins Tal wundervoll, besonders, wenn am Vormittag aus den dichten Wäldern Nebel langsam aufsteigt und die Landschaft scheinbar im Nichts versinkt.

Im **Inneren** des Buddhas gibt es drei übereinanderliegende Hallen, die über eine spiralförmig angelegte Rampe zugänglich sind. Im Zentrum der unteren

Hall of Benevolence Merit steht eine 500 Jahre alte Schnitzfigur des Erdgottes aus Gelbholz, die Wände der darüber liegenden *Hall of Universe* sind mit Kalligraphien geschmückt. Kleinere Buddhastatuen sind in der *Hall of Remembrance* zu sehen. Für den Besuch im Inneren des Tian Tan Buddha benötigt man eine Eintrittskarte, die im Kassenhäuschen am Fuße der großen Zugangstreppe zu lösen ist. Dort kann man auch den Gutschein für ein vegetarisches Essen im Kloster erstehen (s. u.).

Äußerst betriebsam geht es auch im direkt gegenüber liegenden **Klosterkomplex** zu. Angesichts der ausgedehnten Anlage mit Tempeln, Speisehallen, Gemüsegärten und Verkaufsständen kann man sich kaum vorstellen, wie schlicht die ersten Mönche lebten, die sich hier 1905 zum Beten und Meditieren niederließen. 1927 gründeten sie das Kloster Po Lin, das sich schon bald zu einem Zentrum des Zen-Buddhismus entwickelte und zahlreiche weitere Gläubige anzog. Heute leben hier über 100 Mönche und Nonnen. Auch baulich wuchs die Anlage beständig. Erst 1970 kam die zweistöckige, außen reich mit Steinschnitzereien verzierte Haupthalle des *Arhan Temple* hinzu. Eine breite Treppe führt zu der zurückhaltend ausgestatteten oberen Halle, in der etwa 1 m hohe vergoldete Statuen der **Drei Wertvollen Buddhas** einen Ehrenplatz auf einem Podest einnehmen. Der mittlere wird als *Sakyamuni*, Gründer des Glaubens, verehrt, ihm stehen der *Heilende Buddha* und der *Buddha des Paradieses im Westen* zur Seite.

Viele Besucher buchen beim Kassenhäuschen der Buddhastatue ein **vegetarisches Mahl** im Kloster, das Mönche oder Laien in einem der beiden großen, ausgeschilderten Speisesäle servieren. Man erhält einen Gutschein, dessen Nummer einer festgelegten Essenszeit zugeordnet ist. Zur Auswahl stehen Standard- und Luxus-Essen, der Unterschied liegt aber lediglich in der Anzahl der Gemüsegerichte (drei mindestens), die man zum Reis erhält. Tee ist jeweils im Menü inbegriffen.

Tai O

Das kleine Dorf an der Westküste von Lantau Island (Bus 1 stündlich ab/nach Mui Wo, Bus 21 stündlich ab Po Lin, Achtung: dieser Bus verkehrt nicht in entgegengesetzter Richtung!) gilt als eine der letzten Siedlungen des einstigen Seefahrervolkes der Tanka. Sie nehmen für sich in Anspruch, Nachfahren der Yueh zu sein, der ersten, prähistorischen Siedler der Region. Die größte Attraktion des Ortes sind die **Stilt Houses** (Stelzenhäuser), auf die schon bei der Bushaltestelle am Ortsrand hingewiesen wird. Ein maximal 6 m breiter Kanal wird auf etwa 20 m

Länge zu beiden Seiten von diesen Pfahlhäusern gesäumt. Die Holzkonstruktionen sind größtenteils mit Stricken zusammengebunden und wirken oft recht abenteuerlich.

Die eigentliche Siedlung Tai O erstreckt sich am gegenüberliegenden Kanalufer, einst eine kleine Insel, heute über einen schmalen Landstreifen am Ende des Wasserweges mit dem Festland verbunden. Über den Kanal führt eine hölzerne **Fußgängerbrücke**, deren Knick in der Mitte böse Geister angeblich nicht überwinden können. Am anderen Ufer ist der Weg von Ständen und offenen Läden gesäumt, in denen Alltagsgegenstände, Trocken- und Frischfisch sowie vereinzelt touristische Souvenirs verkauft werden. Nach etwa 80 m kommt man zur Hauptkreuzung von Tai O. Schräg rechts steht der bescheidene **Kwan Tai Temple**. Das unauffällige Gebäude aus grauem Stein geht auf eine Gründung während der Ming-Dynastie in den 1530er-Jahren zurück. Es besteht aus nur einem Raum, in dem zwei lebensgroße Statuen die Götter des Krieges und der Rechtschaffenheit darstellen.

Auf einer kleinen felsigen Halbinsel am Dorfende liegt der äußerlich ebenfalls unspektakuläre **Hau Wang Temple**. Er wurde 1699 zu Ehren von Hau Wang, auch als Yang Liang-Jie bekannt, errichtet, der Mitte des 13. Jh. als ehrenhafter Beamter der späten Song-Dynastie gedient hatte. Zusätzlich ist der Tempel einer Meeresgottheit geweiht. An den Seiten des Gebetsraums sind Walknochen und auffällig große ›Sägen‹ von Schwertfischen aufgeschichtet, Gaben der hiesigen Fischer. Die Entstehung der auf halber Höhe hängenden Bronzeglocke datiert die Inschrift ›30. Jahr von Qian Long‹ auf das Jahr 1765.

Kaiser Qian Long ließ 1748 auch den Grundstein für den kleinen, dem Seegott *Hung Sing* geweihten **Tempel** legen, der links von Tai Os Hauptkreuzung liegt. Das heutige Gebäude ist jedoch deutlich jünger und nur an seinem kachelgedeckten grünen Dach als Tempel erkennbar. Der schmäler werdende Weg endet an einem zweistöckigen viktorianischen Gebäude, das mit seinen Rundbogenfenstern in diesem Dorf etwas deplatziert wirkt. Es handelt sich um die **Tai O Police Station**, die ehem. britische Polizeistation. Sie wurde 1902 als eines der ersten westlichen Gebäude in den New Territories erbaut und beherbergt heute den kommunalen Kindergarten nebst Gemeindesaal. Vom benachbarten *Ferry Pier* legen an den Wochenenden gelegentlich Fähren nach Central ab.

Picnic Bay heißt die einladende Bucht, an der das Dorf Sok Kwu Wan auf Lamma liegt

Standortvorteil am Meer – Fangfrisches bieten die Restaurants von Sok Kwu Wan

Jede halbe Stunde fährt ein Bus von Tai O nach **Tung Chung**, der Satellitenstadt im Norden Lantaus in der Nähe des neuen Flughafens. Die abenteuerliche Fahrt durch die Berge dauert etwa 50 Minuten und ist wegen der landschaftlichen Schönheit unbedingt zu empfehlen. In Tung Chung besteht MTR-Anschluss nach Kowloon und Hong Kong Island.

40 Lamma Island

Trauminsel westlicher Aussteiger, nur einen Katzensprung vom geschäftigen Hong Kong Island entfernt.

Yung Shue Wan – Hung Shing Yeh Beach – Mount Stenhouse – Sok Kwu Wan

Fähre Hong Kong Island, Central, Outlying Islands Pier 4 (Tel. 28 15 60 63, Mo–Sa 6.30–0.30, So/Fei 7.30–0.30 Uhr, halbstündlich/stündlich, Fahrzeit 30 Min., mit Schnellfähre 20 Min.; ab Sok Kwu Wan: Sampans nach Aberdeen, Hong Kong Island)

Ende der 60er-, Anfang der 70er-Jahre des 20. Jh. wurde die mit 13,5 km² drittgrößte Insel Hongkongs aufgrund ihrer landschaftlichen Reize, bewaldeten Hügel und hübschen Strände von westlichen Reisenden als Inbegriff des Inselparadieses entdeckt. Viele ließen sich hier nieder, eröffneten Restaurants – und begründeten den Ruf Lammas als ›Aussteigerinsel‹. Der bis heute andauernden Beliebtheit des Eilands tut auch das Kohlekraftwerk auf einer Halbinsel im Westen keinen Abbruch, dessen drei gewaltige Schornsteine unübersehbar in den Himmel ragen.

Der Hauptort **Yung Shue Wan** ist recht gut auf westliche Touristen eingestellt. Entlang der schmalen Hauptstraße bieten mehrere einfache Lokale Allerweltsspeisen wie Hamburger, Chili con Carne oder grünen Salat. Doch eigentlich sollte man auf Lamma die frischen Fischgerichte der hervorragenden Seafood-Restaurants ausprobieren, die sich, teils auf Pfählen erbaut, an der Uferfront aneinander reihen. Die Atmosphäre in den Gassen ist heiter und gelöst, die Geschäftsauslagen bestehen aus Badeutensilien, Ölbildern von Sonnenuntergängen oder Teegeschirr mit Muschelschmuck, daneben informieren Aushänge über zu vermietende Zimmer. Der vor allem in den Abendsstunden lebhafte Ort kommt erst etwas zur Ruhe, wenn gegen 22 Uhr die letzte Fähre nach Hong Kong Island abgelegt hat.

Ihre Beliebtheit verdankt die südwestlich von Hong Kong Island gelegene Insel vor allem den drei hübschen Stränden, die vom Fährterminal in Yung Shue Wan auf gut ausgeschilderten Pfaden zu Fuß zu erreichen sind. Die größte der Badebuchten ist der viel besuchte **Hung Shing Yeh Beach** südlich des Ortes. Zum ebenfalls hellsandigen **Lo So Shing Beach** bei der gleichnamigen Ortschaft an der Ostküste führt ein Plattenweg durch ein bewaldetes flaches Tal. Am Talende biegt links der so genannte *Lamma Family Trail* ab, auf dem man in etwa einer Stunde das Dorf Sok Kwu Wan im Südosten von Lamma erreicht. Östlich davon liegt der dritte Strand, der **Mo Tat Wan Beach**. Hier sprengten Japaner während des Zweiten Weltkrieges in die Uferfelsen Höhlen, in denen Kamikaze-Kämpfer mit sprengstoffgefüllten Shinyo-Booten auf eine Invasion des Kriegsgegners warteten, die allerdings nie kam. Eine *Kamikaze Cave* ist ausgeschildert, doch sie ist nur nach einer Kletterpartie über glitschige Uferfelsen zugänglich. Außerdem bringt die in die Höhle schwappende Flut täglich Abfall mit sich, der sich in Senken des Höhlenbodens sammelt – kein schöner Anblick und wahrlich kein Wohlgeruch.

Vom Family Trail aus können Unternehmungslustige einen anstrengenden Abstecher wagen und auf unbefestigten Pfaden den 353 m hohen **Mount Stenhouse**, chinesisch *Shan Tei Tong*, besteigen. Von seinem Gipfel aus sieht man über die Baumwipfel hinweg auf Hong Kong Island und das Südchinesische Meer, getupft von zahlreichen kleineren Eilanden.

Von hier oben kann man auch das grün glasierte Dach eines *Tin Hau Tempels* und die kubischen Wohnhäuser des Dorfes **Sok Kwu Wan** ausmachen, das am Ende des Famliy Trails liegt und für seine ausgezeichneten Fischrestaurants bekannt ist. Meist verfügen die Lokale über Terrassen, die auf die tief eingeschnittene **Picnic Bay** hinausgehen. Allerdings sollte

Noch heute ist der umtriebige Hafen das Zentrum der kleinen Insel Cheung Chau

Seit mehr als 200 Jahren opfern Gläubige im kleinen Pak Tai Temple

man sich dort beim Verzehr von frischem Fisch und Meeresfrüchten vom Feinsten nicht vom Anblick der Zementfabrik auf der anderen Seite der Bucht stören lassen. Sok Kwu Wan kann übrigens täglich bequem mit einer der Fähren von Aberdeen und Central aus erreicht werden.

41 Cheung Chau

In den kleinen Inseldörfern scheint die Zeit stehen geblieben zu sein.

Tung Wan Beach – Tai Kwai Wan – Tung Wan Shan – Ren Ton Shi
Fähre Hong Kong Island, Central, Outlying Island Pier 5 (Tel. 21318181, tgl. 24 Std. halbstündlich bis stündlich, Fahrzeit ca. 40 Min.)

Einst war die nur 2,5 km^2 große Insel 15 km südwestlich von Hong Kong Island ein berüchtigtes **Piratennest**. Noch im frühen 18. Jh. trotzte hier der grausame *Cheung Po Tsai*, Herr über 15000 Mann und 270 Schiffe, der chinesischen und der britischen Staatsgewalt [s. S. 12].

Heute geht es auf Cheung Chau friedlicher zu. Gut 40000 Menschen leben hier, die meisten von ihnen pendeln mit der Fähre zur Arbeit nach Central oder Kowloon. In ihrem bewaldeten Norden und Süden steigt die Insel zu steilen Hügeln an, deren Hänge moderne Wohnsiedlungen einnehmen. In der vergleichsweise flachen Mitte verjüngt sie sich stark; die schmalste Stelle ist nur 150 m breit. An diesem Isthmus liegt das Zentrum des einzigen größeren Ortes von **Cheung Chau**, der denselben Namen trägt wie die Insel. Wenn man hier an der westlichen Bucht *Chung Wan*, wo Hunderte von Dschunken und Sampans vor Anker liegen, durch das Tor des bescheidenen Fährterminals auf die Hafenpromenade tritt, wähnt man sich leicht in einer anderen Welt. Zweistöckige Häuser in traditioneller chinesischer Bauweise säumen die gegenüberliegende Seite der geteerten *Praya Street*. Das Erdgeschoss nehmen meist Restaurants ein, die in Bassins vor den Eingangstüren noch lebende Leckerbissen des Meeres präsentieren. Die lange Reihe wird aufgelockert durch den Tresen eines Fast-Food-Unternehmens sowie von Büros für Fahrrad-, Apartment- und Zimmervermietung.

Trotz der lebhaften Atmosphäre ist es bemerkenswert ruhig, da motorisierte Fahrzeuge auf Cheung Chau nicht zugelassen sind. Zum Transport dienen dreirädrige Elektrokarren, auf deren etwa 2 m^2 großen Ladeflächen erstaunliche Mengen von Material wie Fischreusen oder Vierkanthölzer untergebracht wer-

Über den Dingen stehen die Kinder beim Bun Festival von Cheung Chau

Kuchenpyramiden und schwebende Kinder

Um den dritten Tag des dritten Mondmonats, meist Ende April oder Anfang Mai, ist der Pak Tai-Tempel von Cheung Chau Mittelpunkt des einwöchigen Kuchenfestes, des **Bun Festival**, das zur Besänftigung ›hungriger Geister‹ begangen wird.

Nicht von dieser Welt scheinen auch die Opfergaben für sie zu sein, die am vierten Tag der Feierlichkeiten durch die Straßen getragen werden: weiße und rosafarbene **Reisteignudeln** oder -**kuchen**, kunstvoll auf Bambusgerüsten zu Höhen von 16–20 m aufgetürmt. Die mit Blumen geschmückten Kuchenpyramiden werden durch die Gassen von Cheung Chau getragen, begleitet von einer dicht gedrängten Menschenmenge.

Aus dem Getümmel ragen immer wieder festlich herausgeputzte **Kinder**, die, seltsam starr und steif, geradezu über den Köpfen der restlichen Prozessionsteilnehmer zu schweben scheinen. Tatsächlich stehen die Kleinen auf kleinen Plattformen an langen Stangen und werden durch einen Rahmen gestützt. In ihrer kindlichen Unschuld sollen sie auf die Geister besänftigend wirken.

Unter lauter Musik, Trommeln und Gongs nimmt die Prozession ihren Weg zum Pak Tai-Tempel, vor dem die Kuchentürme über Nacht abgestellt werden. In aller Regel sind sie am nächsten Morgen auseinandergerissen und die einzelnen Teile zeigen deutliche Zahnspuren. Nur ungläubige Gemüter zweifeln daran, dass sich die ›hungrigen Geister‹ daran gütlich taten und machen stattdessen frei laufende Hunde oder Katzen für den nächtlichen Schmaus verantwortlich. Am nächsten Tag verteilt ein Komitee die Reste an die Bevölkerung. Es heißt, wer davon isst, sei sofort von Krankheit und Unglück geheilt – entsprechend groß ist der Andrang.

den. Ansonsten verkehren auf den teils engen Wegen nur Fußgänger und Fahrradfahrer.

Jede der Gassen, die rechtwinklig von der Hafenpromenade abzweigen, führt zur östlichen Bucht von Tung Wan, an der sich in weitem Halbrund auf etwa 1,5 km der 6–7 m breite, feine hellsandige **Tung Wan Beach** ausbreitet. Hier wie an vielen anderen Stränden Hongkongs schützt ein mit gelben Bojen markiertes *Shark Prevention Net* den Schwimmbereich der Bucht vor Haien. Mitunter werden an diesem Küstenabschnitt auch Wettbewerbe im *Windsurfen* ausgetragen. Immerhin holte die aus Cheung Chau stammende Sportlerin *Lee Lai-Shan* bei den Olympischen Spielen 1996 in Atlanta in dieser Disziplin Gold. Den einladenden Strand begrenzt eine etwa 4 m hohe Kaimauer, auf der eine schmale ›Promenade‹ angelegt ist. Oben warten in den sehr nah ans Ufer herangerückten Häusern Fischrestaurants, Spielzeug- und Gemischtwarenläden auf Kunden. Beim Frauen- und Kinderzentrum etwa in der Mitte der Bucht führen Stufen vom Strand auf die Mauer. Es ist sehr reizvoll, sich von hier seinen Weg durch die Gassen der **Altstadt** zum Westufer zu suchen, vorbei an der christlichen Grundschule, durch Höfe mit offenen Werkstätten oder durch Mauerdurchlässe. Keine Sorge, verlaufen kann man sich nicht, dazu ist das Viertel zu klein.

Leicht zu finden und vom Hafen aus über San Hing Street und Pak She Street auch gut zu erreichen ist der **Pak Tai Temple** nahe dem nördlichen Ortsende. Er ist dem taoistischen Obersten Herr-

Überschaubar wie die Insel ist das Angebot in den Gassen von Cheung Chau

scher des dunklen Himmels geweiht und liegt etwas erhöht neben dem geteerten Sportplatz unter einem ummauerten, Schatten spendenden Lorbeerbaum. Das grün glasierte Ziegeldach des 1783 errichteten Tempels ziert ein schuppenleibiger Drachen auf dem First. Kostbarster Besitz im Inneren ist eine um 1700 an das Ufer von Cheung Chau gespülte Holzfigur des lokalen Meergottes Pak Tai. Das hochverehrte, 70 cm hohe Götterabbild ist mit einer goldglänzenden Krone und einem dunklen Prachtgewand aus Brokat angetan. Die beiden Statuen davor stellen die Generäle ›Tausend-Meilen-Auge‹ und ›Wohlwollendes Wind Ohr‹ dar, denen nachgesagt wird, sie könnten noch auf riesige Entfernungen alles sehen und jedes Wort hören. Die Seitenhallen des Tempels bergen kleinere Schreine, die große Trommel und ein Schwert aus der Sung-Dynastie (960–1279), das Fischer einst im Meer bargen.

Die Uferstraße, die teils unter hohen Laubbäumen, teils an der unbebauten Küste entlang läuft, geht weiter nördlich bei der Neubausiedlung Cheung Kwai Estate in den *Family Trail* über. Laut Beschilderung führt dieser Weg in 15 Min. nach 800 m zur Bucht **Tai Kwai Wan**, an der um eine Fährstation die Hochhäuser einer Trabantenstadt aufragen. Von dort kann man in ca. 20 Min. den Aussichtspunkt **Tung Wan Shan** auf dem Gipfel eines steilen Hügels erreichen. Oben wird man mit einem freien Rundblick über Wald und Siedlung von Cheung Chau sowie über das Südchinesische Meer belohnt.

Entlang der Hauptstraße von Cheung Chau werden allerlei Leckereien angeboten

龍記酒家

Macau – christliche Kirchen und chinesische Tempel

Rund 65 km westlich von Hongkong, auf der anderen Seite der weiten Perlflussmündung, liegt Macau, bestehend aus der gleichnamigen Halbinsel und den beiden zugehörigen Inseln Taipa und Coloane. Macau war Portugals letzte **Überseekolonie** und fiel am 20. Dezember 1999 an China zurück.

Vor allem im Laufe der letzten Jahrzehnte gewann die Peninsula von Macau dank ehrgeiziger **Landgewinnungsprojekte** einiges an Fläche hinzu und umfasst heute bereits 26,8 km². Dabei war die Halbinsel nicht einmal 16 m² groß, als China 1557 diesen Teil seiner Südküste den Portugiesen zur Errichtung eines **Handelspostens** überließ. Er entwickelte sich rasch zu einer blühenden Handels- und Hafenstadt, verlor jedoch mit dem Aufstieg Hongkongs im 19. Jh. an Bedeutung. Heute ist Macau eine angenehme Großstadt mit 450 000 Einwohnern. Viele von ihnen arbeiten in Hongkong, bevorzugen aber ansonsten die günstigeren Lebenshaltungskosten und die entspanntere Atmosphäre von Macau.

Anders als in Hongkong haben sich hier zahlreiche Baudenkmäler auch aus der kolonialen und chinesischen Vergangenheit erhalten. Seit 2005 zählt die malerische Altstadt von Macau deshalb sogar zum *UNESCO-Weltkulturerbe*. Es gibt barocke Kirchen wie die **Igreja de São Domingos** zu entdecken oder das würdevolle Gebäude des ehem. **Leal Senado**, des ›loyalen Senats‹, aber auch Zeugnisse der chinesischen Kultur wie den **A Ma Temple** oder die zauberhaften Gartenanlagen der **Jardim Lou Lim Ioc**. Wahrzeichen der Stadt und ein architektonisches Meisterwerk ist die großartige, nach einem Brand leider nur als Ruine erhaltene Barockfassade der einstigen Jesuitenkirche von **São Paulo**. Bei einem Einkaufsbummel in den schmalen Gässchen kann man günstige Markenkleidung, Schmuck oder preiswerte Elektroartikel kaufen.

Weltweit bekannt wurde Macau freilich ab Mitte des 20. Jh. als das **Glücksspielparadies** Südostasiens. Spieler können auf Windhunde oder Pferde setzen und in zahlreichen Kasinos bis zu 24 Stunden pro Tag am Roulettetisch die Kugel rollen lassen, Blackjack spielen oder beim chinesischen Spiel *Dai Siu*, ›Groß und Klein‹, ihr Glück versuchen. Die meisten der jährlich knapp 16 Mio. Besucher kommen aus Asien.

Angesichts der nächtlichen Glitzerwelt werden die liebenswerten kulturellen Besonderheiten Macaus sowie seine landschaftlichen Vorzüge leicht übersehen. Dabei ist die gelungene **chinesisch-europäische Synthese** in Architektur und Gastronomie allgegenwärtig. ›Hongkongs kleine Schwester‹ profiliert sich als attraktives Handels- und Konferenzzentrum, u. a. dank des **Macau Tower**, mit 338 m Höhe einer der höchsten Türme der Welt. Neben der quirligen Stadt Macau lohnen zudem die beiden Inseln einen Besuch, die durch das Seac Pai Van-Landgewinnungsprojekt um den neuen *Macau International Airport* miteinander verbunden wurden: das überschaubare, ruhige **Taipa** und das waldreiche **Coloane**, an dessen Westküste jedes Frühjahr Spitzengolfer aus aller Welt die das Tournier **Macau Open International** austragen.

◁ **Oben:** *Ohnegleichen – das portugiesische Flair des Largo Senado*
Unten: *Ohne Rückhalt – die barocke Schaufassade von São Paulo steht allein da*

42 Largo do Senado

Der schwarz-weiß gepflasterte, von prächtiger Kolonialarchitektur umgebene Platz ist das portugiesisch geprägte Zentrum Macaus.

Avenida de Almeida Ribeiro
Bus 2, 3, 3A, 5, 7, 8A, 9, 9A, 10, 10A, 11, 12, 16, 18, 19, 21, 21A, 22, 25, 26, 26A, 33

In meterbreiten schwarz-weißen Wellenlinien, dem typisch portugiesischen *Calçada-Muster*, ist der 3700 m² große Largo do Senado gepflastert, der zentrale ›Platz des Senats‹ der Stadt Macau mit dem kreisrunden Springbrunnen in der Mitte. Er ist Fußgängern vorbehalten, doch im Südwesten führt die schmale Hauptverkehrs- und Einkaufsstraße **Avenida de Almeida Ribeiro** vorbei, stets dicht befahren und nahe dem Verkehrsinfarkt.

Die gegenüberliegende Straßenseite nimmt der zweistöckige Bau der Stadtverwaltung ein, der ehem. TOP TIPP **Leal Senado** (Tel. 57 35 00) ein. Die *Câmara Municipal de Macaú Provisória* wurde 1784 errichtet und 1876 umgestaltet. Aus dieser Zeit stammt auch die durch einen breiten Mittelgiebel akzentuierte strahlend weiße Fassade mit ihrem von Halbsäulen gerahmten Portal aus dunklem Holz. Innen gelangt man durch einen mit Azulejos, weiß-blauen portugiesischen Fliesen, gekachelten Gewölbegang in den romantisch eingewachsenen, lauschigen **Patio**. Hier stehen die Büsten des portugiesischen Dichters *Luís Vaz de Camões*, der in der zweiten Hälfte des 16. Jh. einige Jahre in Macau lebte, und des macanesischen Gouverneurs *Ferreira do Amaral*, der dieses Amt 1846–49 inne hatte. In den Räumen rechts des Torgangs werden in der sog. **Galeria** (Di–So 9–21 Uhr) Wechselausstellungen zu lokal bedeutenden Themen gezeigt. Die breite Holztreppe rechts führt in das obere Stockwerk, zum **Versammlungssaal** (Mo–Fr 10–12 und 15–16.30 Uhr. Dort bedeckt spiegelndes Parkett den Boden, die holzgetäfelten Wände schmücken portugiesische Wappen sowie Porträts von Wohltätern und Gouverneuren der Stadt Macau von 1557 bis 1999. Das prächtig geschnitzte Gestühl im Hintergrund des Saales dient noch heute während offizieller Empfänge als Ehrenplatz. Der anschließende karge Vorraum bereitet Besucher nicht auf die Pracht der beiden folgenden Säle der **Bibliothek** (Mo–Fr 13–19 Uhr) vor. Sie sind mit Stuckdecken, funkelnden Kronleuchtern und prächtig geschnitztem Mobiliar ausgestattet, dessen Krönung die nur von einer Galerie unterbrochenen, bis unter die Decke reichenden Regale sind. Diese bergen mehr als 20 000 Bücher,

Nobles Interieur für wertvolle Schriften in der Bibliothek des Leal Senado

Die Santa Casa da Misericordia ist einer der Prachtbauten am Largo do Senado

darunter wertvolle Manuskripte und historische Schriften zu Macau, Portugal und China.

Vom Regierungssitz aus ist es nicht weit zum **Cultural Club** (www.culturalclub.net, tgl. 10.30–20 Uhr) in der Avenida Almeida Ribeiro 390–396. In dem zweistöckigen Gebäudekomplex befinden sich der Vortrags- und Ausstellungsraum der Cultural Exhibition Hall, die nach dem beliebten Schriftsteller Jin Yong benannte Bibliothek, der Souvenirshop Arts Plaza und das Water Teahouse. Im Erdgeschoss können sich Besucher im *Tak Seng On* in den original ausgestatteten Räumen einer ehemaligen Pfandleihe umsehen, die ein Herr Kou Ho Ning hier 1917 einrichtete. Einrichtung und Exponate, vom Safe bis zu Fotografien, erzählen von der in Macau seit der Qing Dynastie (Mitte 17. Jh.–1911), in China bereits seit mehr als 1500 Jahren nachweisbaren Geschichte des Pfandgeschäftes.

Vom Largo do Senado aus lohnt sich auch ein Bummel durch die engen Gassen der chinesischen Altstadt. Sie sind gesäumt von ein- bis zweistöckigen Häuschen. Im Erdgeschoss befindet sich meist ein zur Straße hin offener Laden, oben liegen die Wohnräume der Familie. Sehr schön sieht man diesen traditionellen Gebäudetyp in der **Rua da Felicidade**, einer schmalen doch geschäftigen Einkaufszeile, in der sich auch viele preisgünstige Unterkünfte befinden. Auf der Straße kann man bei der Herstellung von leckeren Süßigkeiten zuschauen, und aus zahlreichen Garküchen weht ein verlockender Duft von frisch zubereitetem Essen. Die engmaschigen Käfige vor den Ständen dienen übrigens zur Aufbewahrung von Schlangen, die hier im Winter als Delikatesse verkauft werden.

Auch rings um den Largo do Senado selbst herrscht dank zahlreicher Geschäfte und Restaurants reges Treiben. An der Südostecke des Platzes befindet sich in einem Monumentalbau mit aufgesetzten Rundtürmchen die **Correios**, die Hauptpost von Macau (CTT). Hier ist auch das kleine **Post Office Museum** (Mo–Fr 15–17 Uhr) untergebracht, das neben historischen Briefmarken und anderen Ausstellungsstücken zur Postgeschichte Macaus u.a. die erste Radiostation von 1930 zeigt oder ein Photo des ersten Luftpostflugzeugs von 1937. Das helle Gebäude links der Post mit der Renaissancefassade und dem breiten Giebel über dem Eingangstor ist die nicht öffentlich zugängliche **Santa Casa da Misericordia**, das ›Heilige Haus der Barmherzigkeit‹. 1596 erbaut und im 18. Jh. umgestaltet, ist sie bis zum heutigen Tag Sitz der katholischen Wohlfahrtsorganisation, die dem Orden der Barmherzigen Brüder untersteht und sich um alte, kranke und sozial benachteiligte Menschen kümmert. Ein Haus weiter weist das Schild **Farmacie** ein sorgfältig renoviertes historisches Gebäude in strahlendem Weiß als Apotheke aus. Auf der gegenüberliegenden Platzseite beherbergt der prächtige, weiß-gelbe Stadtpalast mit schattigem Arkadengang das Hauptbüro des **Macau Government Tourist Office**.

Nach Norden hin geht der Largo do Senado in die **Fußgängerzone** von Macau über. Geradeaus führen kopfsteingepflasterte, geschäftsgesäumte Straßen hügelan, links winden sie sich abwärts in einen eng bebauten Teil der Altstadt. Hier kann man eintauchen in das **Shoppingparadies** Macau, kann z. B. in der Rua da Tercena einem Fahnenhersteller oder Schneider bei seiner Arbeit über die Schulter schauen oder die Angebote der Kleidungsstände an der Rua dos Mercadores vergleichen. Gern gekauft werden auch Antiquitäten, deren Preise in Macau deutlich unter denen Hongkongs liegen. Viele der betreffenden Geschäfte befinden sich in der Rua de Dercena und in der Rua das Ervanários, an deren Ende während der Woche nachmittags ein **Flohmarkt** stattfindet. Wer hier gut einkaufen möchte, sollte sich jedoch mit dem Warenangebot auskennen – und engagiert feilschen.

Auf Termiten folgten Restauratoren, nun strahlt São Domingos wieder wie neu

43 Igreja de São Domingos

Die schönste Barockkirche Macaus.

Largo de São Domingos

An seinem nördlichen Ende verjüngt sich der *Largo do Senado* zu einer leicht aufwärts führenden Einkaufsgasse. Hier liegt linker Hand die Igreja de São Domingos. Einen ersten, um 1590 entstandenen Bau ersetzten die Dominikaner im 17. Jh. durch die heutige, üppig barocke Kirche. Nach erheblichem Termitenschaden wurde das Gotteshaus 1997 komplett renoviert und zieht nun mit seiner properen Fassade wieder bewundernde Blicke auf sich. Sie ist oberhalb der drei Portale und Fenster sowie im Giebelbereich mit weißer Stuckatur geschmückt.

Das hohe einschiffige Innere birgt u. a. einen reich mit Stuck geschmückten Altar aus hellem Sandstein. Darüber zeigt ein Bild ›Unsere Liebe Frau vom Rosenkranz‹, die Schutzpatronin der Kirche, flankiert von Figuren der hll. Theresa und Dominikus. Den Langhauswänden wurde innen jeweils eine Arkadenreihe vorgeblendet. In den so zwischen den Pfeilern geschaffenen Nischen fanden weitere Heiligenfiguren Platz. Rechts führen mehrere Türen in einen breiten Nebengang, der in den Vorraum der Sakristei mündet. Dort führt links eine steile Treppe in den alten Glockenturm, in dem das **Museu de Arte Sacra de São Domingos** (tgl. 10–18 Uhr) untergebracht ist. Auf drei Etagen zeigt es eine kuriose, gleichwohl interessante Mischung aus renovierungsbedürftigen Altarbildern, elfenbeinernen oder wächsernen Krippenfiguren, seidenen Messgewändern und silbernem liturgischem Gerät.

44 Ruinas de São Paulo

TOP TIPP

Die majestätische Fassade des einst so prächtigen Kirchenbaus ist das Wahrzeichen Macaus.

Rua de São Paulo

Die enge Altstadtgasse *Rua da Palha*, an der sich etliche Antiquitätenhändler angesiedelt haben, weitet sich an ihrem oberen Ende zu einem Platz, von dem eine flach ansteigende Freitreppe zur monumentalen Kirchenkulisse von São Paulo empor führt – ein imposanter Anblick. Tatsächlich ist hier nur noch die Fas-

Zentrum der Altstadt ist die Barockfassade der ehem. Kathedrale São Paulo

sade erhalten, denn sie allein blieb nach einer Feuersbrunst im Jahr 1835 unbeschadet erhalten. Eine erste Kirche und ein Priesterseminar errichteten Jesuiten an dieser Stelle bereits im 16. Jh. Doch nur wenige Jahrzehnte später, 1601, wurde das Gotteshaus durch ein Feuer zerstört und durch einen Neubau – allerdings wiederum aus Holz – ersetzt. Diesem blendete man bis 1637 eine mit herrlichen Reliefs ausgeschmückte Granitfassade vor. 1762 war die Missionstätigkeit der Jesuiten in Macau beendet, sie wurden auf Befehl des portugiesischen Königs aus der Stadt vertrieben. Ab 1831 schließlich wurden der Sakralbau und das angeschlossene Priesterseminar als Kaserne genutzt. Bereits vier Jahre später, 1835, brach in der Küche Feuer aus und vernichtete die Anlage. Vor ihrer Zerstörung

Weit reichende Ein- und Ausblicke bieten sich vom historischen Fortaleza do Monte

muss die der Muttergottes geweihte Kirche einen prächtigen Anblick geboten haben, wird sie doch in zeitgenössischen Schriften als »das großartigste Denkmal der Christenheit in allen östlichen Ländern« beschrieben.

Die **Fassade** mit ihrem mehrfach geschwungenen Giebel ist fünf Stockwerke hoch und reich mit ionischen und korinthischen Säulen geschmückt. Dazu kommen zahlreiche Reliefs, die unter der Leitung des italienischen Stuckateurs *Carlo Spinola* entstanden. Drei rechteckige, wuchtige Eingangsportale führten einst ins Kircheninnere. Über dem zentralen Türsturz ist die Inschrift *Mater Dei* zu lesen, die Widmung *IHS* (›Iesus Hominum Salvator‹ – ›Jesus, der Menschen Retter‹), die man an zahlreichen jesuitischen Gotteshäusern findet, ist über den beiden Seitenportalen eingraviert. Rechts und links der drei Fensteröffnungen in der Zone darüber stehen in Nischen die Bronzefiguren jesuitischer Heiliger, (von links nach rechts) Francisco de Borja, Ordensgründer Ignatius von Loyola, Francisco Xavier und Luis de Gonzaga. In der Nische oberhalb der zentralen Fensteröffnung steht eine Bronzefigur der Gottesmutter, flankiert von betenden und musizierenden Engeln. Das Relief rechts zeigt Maria, die einen siebenköpfigen Drachen besiegt, links ist ein Segelschiff abgebildet. Oberhalb der Marienstatue erkennt man eine Nischenfigur des Jesuskindes, gerahmt von einer Dornenkrone und anderen Symbolen seines späteren Leidens. Den Giebel dominiert unter dem Kreuz von Jerusalem eine aus Bronze gegossene Taube als Verkörperung des Heiligen Geistes.

Die Fassade wird von hinten mit Beton und Eisenträgern verstärkt und abgestützt, was der Besucher jedoch erst sieht, wenn er durch eines der Portale den Grund der einstigen Kirche betritt. Das etwa 40 x 20 m umfassende, von einer Steinmauer eingefasste Gelände wurde archäologisch erforscht. Einige Teilbereiche sind in situ belassen und durch Sichtglasplatten zu betrachten. Allerdings sind die Architekturreste nicht besonders beeindruckend, sieht man doch nur grün überwucherte Grundmauern.

Aufschlussreicher ist ein Besuch im hinteren Teil der früheren Kirche. Eiserne Gittertreppen führen zwischen originalen Mauerresten hinab in die frei zugängliche alte Krypta. In dem länglichen, mit weißem Marmor verkleideten Raum zeigt das **Museu de Arte Sacra de São Paulo** (tgl. 10–18 Uhr) Fundstücke, die aus den Trümmern von São Paulo gerettet werden konnten: Monstranzen, Tabernakel und eine Figur des hl. Michael mit Flammenschwert als japanischer Samurai. In eine Wand ist das Grab des Jesuitenmissionars und Kirchengründers Valignano eingelassen, daneben fanden die überführten Knochen von japanischen und vietnamesischen Märtyrern ihre letzte Ruhestätte, die im 17. und 18. Jh. in ihren Heimatländern für ihre christliche Überzeugung starben.

45 Monte Fort

Interessante Sammlung zur Geschichte Macaus in der hoch über der Stadt gelegenen alten Festung.

Mai–Sept. tgl. 6–19, Okt.–April 7–18 Uhr

Im Zuge der Bauarbeiten an São Paulo wurde 1617–26 auf einem Hügel neben der Kirche die **Fortaleza do Monte** zum Schutz der jungen Siedlung errichtet. Von den Zinnen der Festung konnte man Stadt und Hafen überblicken und bei Bedarf feindliche Schiffe mit Kanonen beschießen. Bereits 1622, das Fort war noch nicht einmal fertiggestellt, wehrten die Portugiesen von den Mauern aus den Angriff einer niederländischen Flotte auf Macau ab. Nach Bauabschluss befand sich der Wohn- und Verwaltungssitz des portugiesischen Gouverneurs in dem wehrhaften Fort. 1746 wurde die Residenz in den villenartigen *Palácio do Governo* an der Rua da Praia Grande verlegt, und die nun nicht mehr benötigte Feste verfiel immer mehr.

In den 90er-Jahren des 20. Jh. wurde das alte Monte Fort restauriert und erweitert. Wer heute über bequeme Wegkehren den Burgberg erklimmt – das letzte steile Stück sogar mittels einer Rolltreppe – kann in den großzügigen Räumen auf drei Stockwerken die umfangreiche Sammlung des modernen **Museu de Macau** (Tel. 357911, Di–So 10–18 Uhr) besichtigen. Ansprechend aufbereitet, präsentiert sie Exponate zu Geschichte und Kultur Macaus und, untrennbar damit verbunden, Chinas. In den ersten Museumsabteilungen *Prähistorie* und *Frühgeschichte* sieht man z. B. Keramik oder einen rund 1500 Jahre alten Seismographen, wunderschön in Form mehrerer Drachen gearbeitet. Im 1. Stock werden die *Handelsbeziehungen* Chinas und Macaus, die *Lebensbedingungen* im Wandel der Jahrhunderte und der sino-europäische *Kulturaustausch* dokumentiert. Besonders interessant ist der Nachbau eines kantonesischen Straßenzuges aus dem 19. Jh. mit seinen kleinen Werkstätten und Läden. Den Abschluss bildet eine *Sonderausstellung* zum chinesischen Film, der weit mehr zu bieten hat als Jackie Chan, auch wenn dieser berühmte Artist und Schauspieler seinem Metier alle Ehre macht.

TOP TIPP

Im obersten Stockwerk des Gebäudes führt eine Tür in den früheren **Innenhof** des Forts auf der Hügelkuppe. Unter Schatten spendenden Bäumen kann man hier auf historischem Kopfsteinpflaster die Befestigungsmauern abschreiten, sich mit einer der alten Kanonen fotografieren lassen und vor allem die **Aussicht** auf Macau, das Meer und sogar auf die hochhausgesäumte chinesische Seite des Perlflusses genießen. Weil das Panorama gar so faszinierend ist, kann man den Innenhof auch ohne Museumsbesuch betreten. Kostenlosen Einlass findet man durch das alte Festungstor im Südwesten am Fuß des Burghügels.

46 Jardim e Gruta Luís de Camões

Die nach Portugals Nationaldichter Luís de Camões benannte Grünanlage ist eine Oase der Ruhe inmitten der Großstadt.

Praça Luís de Camões
Bus 8A, 17, 19, 26

Nur wenige Meter hinter dem schmiedeeisernen Haupttor des Jardim e Gruta Luís de Camões weitet sich der Weg zu einem kreisrunden Platz. Auf den Bänken ringsum nehmen nachmittags im Schatten hoch aufragender Gummi- und Banyakbäume Kindermädchen, hier Amahs genannt, Platz und halten ein Schwätzchen, während ihre Schützlinge tapsigen Schrittes Tauben jagen. Etwas weiter sind kleine, aus Stein errichtete Pavillons im lichten Grün üppiger Bambushaine versteckt. In ihnen verabreden sich gern Liebhaber klassischer chinesischer Musik, um Instrumentalstimmen und Gesang von chinesischen Opern einzustudieren. Dabei zählt wohl mehr die Hingabe als die Perfektion, und auch, dass mitunter vier und mehr Parteien gleichzeitig üben, scheint weder die Aktiven noch die zahlreichen Zuhörer zu stören.

Eine breite Treppe führt vom Eingangsbereich etwa 10 m den Hang hinauf. Oben teilt sich der Weg, mehrere asphaltierte Fußwege führen in verschiedene Bereiche des Parks, der dem Dichter und Abenteurer **Luís Vaz de Camões**

Übungsraum unter freiem Himmel – Schoßgeiger (links) im Jardim Luís de Camões

(1524/25–1580) gewidmet ist. Während seines Aufenthaltes in Macau 1558–70 soll er u.a. Teile des portugiesischen Nationalepos *Os Lusíadas* geschrieben haben. Das Werk, das die Entdeckungsfahrten und die Eroberungen der portugiesischen Seefahrer rühmt, wurde nach Camões Rückkehr nach Lissabon 1572 veröffentlicht. Beim stimmungsvollen Spaziergang unter weit ausladenden Baumkronen findet man ein Bronzedenkmal des Dichters, eine ihm gewidmete künstliche Felsgrotte (*Gruta*) sowie die nur gut 1 m hohe Bronzestatue des Koreaners *Andrew Kim* (1821–1846), der in Macau das Priesterseminar besuchte und in Japan den Märtyrertod starb. Immer wieder kommt man an kleinen Gruppen von Männern vorbei, die auf einem Mäuerchen am Wegesrand sitzen und ihre Singvögel mitgebracht haben. Die kleinen Piepmätze werden gehegt und gepflegt; häufig sind die Käfige mit Tüchern verhängt, was nicht vor der Sonne, sondern vor dem ›bösen Blick‹ schützen soll.

Old Protestant Cemetery

Verlässt man den Park durch den Haupteingang, sind es nur ein paar Meter nach links – vorbei am Eingang des gleichfalls sehr schön angelegten *Jardim de Fundaçio Oriente* – zum Old Protestant Cemetery, dem alten protestantischen Friedhof von Macau aus dem 19. Jh. Neben der kleinen schlichten Morrison Chapel erinnern auf zwei lang gezogenen Terrassenstufen mehrere Reihen altersgrauer Grabsteine in dichtgrünem Rasen an europäische Kauf- und Seeleute, die hier fern der Heimat beerdigt wurden. Unter duftenden Frangipanibäumen sind Engländer, Niederländer und Deutsche zur letzten Ruhe gebettet, u.a. der erste protestantische Missionar in Macau, *Robert Morrison* (1782–1834), der die Bibel ins Chinesische übersetzte, *Lord John Spencer Churchill*, ein direkter Vorfahre des späteren britischen Premierministers Sir Winston Churchill, und der britische Maler *George Chinnery* (1774–1852), der sich in seinen Werken mit dem Leben in Macau beschäftigte.

Alter Protestantischer Friedhof – Kolonialgeschichte in Stein

47 Jardim Lou Lim Ioc

TOP TIPP

Fächertanz und Schoßgeige – chinesische Tradition zwischen lieblichen Lotusteichen.

Estrada de Adolfo Loureiro
Bus 2, 5, 9, 9 A, 12, 16, 22, 25, 28 C
tgl. 6–21 Uhr, Fr Eintritt frei

1974 machte die Stadtregierung den Ende des 19. Jh. angelegten Garten des einstigen Familienanwesens von Lou Kau und seinem Sohn Lim Ioc nach umfangreicher Restaurierung der Öffentlichkeit als Park zugänglich. Ein kreisrundes Eingangstor führt durch die beinahe 2 m hohe Mauer aus grauen Betonsteinen, die die an eine Seitenstraße der verkehrsreichen Avenida do Conselheiro Ferreira de Almeida grenzende Anlage umschließt. Dahinter tut sich gewissermaßen eine andere Welt auf, ein klassischer chinesischer **Landschaftsgarten**, für viele der schönste von ganz Macau und Hongkong. Kurvenreich führen teils gepflasterte, teils asphaltierte Fußwege durch ein grünes Labyrinth. Inmitten von Jasminbüschen und Bambus- oder Fikushainen präsentiert sich eine *Gästehalle* in überraschendem Architekturmix aus chinesischen und westlichen Elementen, mit einem Dach aus roten bzw. grünen Dachziegeln über korinthischen Säulen. Heute wird das Gebäude für Wechselausstellungen genutzt. Hinter kunstvollen Steinsetzungen tun sich offene, mit rotem Gebälk geschmückte *Pavillons* auf, eine Brücke führt im geisterabweisenden Zickzack über den von Lotusblättern bedeckten Teich. Die Stimmung ist jedoch nicht kontemplativ abgeschieden, dazu

Verschlungene Pfade führen durch den zauberhaften Jardim Lou Lim Ioc

ist der Garten (trotz einer geringen Eintrittsgebühr) viel zu rege besucht. Bereits frühmorgens füllt er sich mit Tai-Chi-Fans, danach proben Freunde der chinesischen Oper mit Flöte, Gong und Erhu, der so genannten Schoßgeige, die Partitur einer chinesischen Oper oder vervollkommnet auf dem nächsten Platz eine Gruppe älterer Damen ihre Kunst des klassischen Fächertanzes. Ein Spaziergang lohnt sich zu jeder Tageszeit, sei es um die anderen Besucher bei ihrer jeweiligen Freizeitbeschäftigung zu beobachten oder einfach, um den liebevoll angelegten Garten zu genießen.

48 Kun Iam Tong Temple

TOP TIPP

Ältester und bedeutendster buddhistischer Tempel Macaus, Oase der Ruhe in der verkehrsumtosten Altstadt.

Avenida do Coronel Mesquita
Bus 12, 18, 19, 22, 23
tgl. 7–18 Uhr

Vor mehr als 700 Jahren entstand an dieser Stelle ein erster Tempel für *Kun Iam*, die Göttin der Barmherzigkeit. Der heutige Komplex stammt aus dem Jahr 1627. Das dreiteilige rote Eingangstor ist leicht asymmetrisch gestaltet, um bösen Geistern den Zutritt zu verwehren. Am Rand des oleanderbestandenen Vorhofs weisen mehrere Kremationsöfen auf die Funktion des Gotteshauses als Totentempel hin.

Mit dem Weihrauch steigen die Gebete der Gläubigen zur vergöttlichten A Ma empor

Der Haupttempel gegenüber dem Eingang ist an seiner Größe und den bunt glasierten Friesen an First, Dachflächen und Außenmauern zu erkennen. Die kleinteiligen Darstellungen reichen von Szenen aus alten chinesischen Mythen über historische Begebenheiten bis hin zu Fischen und Drachen, chinesischen Symbolen des Glücks. Die drei Schreine in der zentralen Halle sind **Kun Iam**, den **Drei Kostbaren Buddhas** sowie dem **Langlebigen Buddha** gewidmet, der auf einer Lotusblüte, dem Symbol für ein langes Leben, sitzt. Alle sind durch Lackfiguren auf den prachtvoll geschnitzten und geschmückten Altären vertreten. An den Seitenwänden sind Skulpturen der 18 Weisen Chinas aufgestellt, unter ihnen mit lockigem Haar, Knebelbärtchen, runden Augen und einer überdimensionierten Nase kein anderer als *Marco Polo*, der während seines langjährigen China-Aufenthaltes im 13. Jh. angeblich zum Buddhismus übergetreten sein soll.

Rechts schließt sich eine Flucht von offenen und überdachten Höfen an. Im dritten erfährt ein inzwischen 1,20 m großer **Bonsaibaum** aus dem frühen 19. Jh. große Verehrung, dessen Stamm die Mönche über die Jahrzehnte in die Form des chinesischen Schriftzeichens für ›langes Leben‹ gebogen haben. Weitere Räumlichkeiten beherbergen kleinere Altäre und Schildkrötenbassins oder dienen als Aussegnungshallen. Interessant sind die Papierobjekte vor den Totengedenktafeln. Da sieht man Bündel von Geldscheinen, Kleidung und in verkleinertem Maßstab Autos, Waschmaschinen oder Häuser. Diese Beigaben, die bei der Kremation mit eingeäschert werden, sollen dem oder der Verstorbenen im Jenseits zur Verfügung stehen.

›Langes Leben‹ kann man aus dem Bonsaistamm im Kun Iam Tong Temple lesen

In den ehrwürdigen Mauern des Kun Iam-Tempels wurde am 3. Juli 1844 der erste **Freundschafts- und Handelsvertrag** zwischen China und den USA unterzeichnet, der den Amerikanern den Zugang zu chinesischen Häfen sicherte. An dem unspektakulären runden Kacheltisch von etwa 1 m Durchmesser, der noch heute im Tempelgarten zu sehen ist, sollen die Verhandlungen stattgefunden haben.

Größere Bedeutung für die Bevölkerung hat jedoch der uralte **Baum der Liebenden** im rückwärtigen, parkartigen Teil der Tempelanlage. An die Äste des uralten Banyanbaumes mit seinem zwei- bzw. viergeteilten, doch spiralförmig umeinander geschlungenen Stamm hängen Liebende Gaben, die von symbolischen Geldgeschenken bis zu wertvollen Perlenketten reichen. Damit bitten sie den Himmel um Erfüllung ihrer Sehnsucht, um Glück in der Ehe oder bedanken sich für bereits gewährte Wünsche.

49 Portas do Cerco

Zwei Welten treffen am nördlichsten Punkt Macaus aufeinander.

Istmo Ferreira do Amaral
Bus AP1, 3, 3A, 5, 9, 10, 10B, 16, 17, 18, 25, 28C, 30, 34

Ein Steintor, die Portas do Cerco, markierte jahrhundertelang den Grenzübergang von Macau nach China. Der heutige weiße Torbogen ersetzte 1871 einen älteren, bereits 1557 errichteten und erfüllte seine Funktion bis 1994. Damals wurden auf beiden Seiten moderne **Grenzgebäude** (tgl. 7–24 Uhr) errichtet. Sie sind außen mit weiß-blauen Azulejobildern zur Geschichte Portugals geschmückt, dazwischen führt ein schmaler, schwarzweiß gepflasterter Weg von macanesi-

Jahrhundertelang trennte das Grenztor Portas do Cerco Macau von China

scher Seite direkt auf das historische Baudenkmal zu. Über dem Torbogen stehen auf Portugiesisch die Worte des Nationaldichters Luís de Camões: »Ehre dein Vaterland, denn es ist für dich da«.

Für westliche Touristen ist es in der Regel kein Problem, von Macau Ein- bis Dreitagesausflüge in die jenseits der Grenze gelegene Sonderwirtschaftszone *Zhu Hai* zu unternehmen. Das kostenpflichtige Visum wird im Zollgebäude ausgestellt. Aber auch ohne Einreise nach Mainland China ist es interessant, das rege Treiben an diesem kleinen Grenzübergang zu beobachten. Er ist nur für Fußgänger zugelassen, doch es sind wahre Heerscharen, die sich durch die Abfertigungshallen drängen: morgens reisen unzählige Festlandschinesen mit frischem Obst und Gemüse nach Macau ein. Wenn ihr Tagesvisum sie gegen Mittag zur Rückkehr zwingt, bringen sie Fleisch und in China nur schwer erhältliche Konsumartikel mit – in erlaubten Mengen für den Eigenbedarf, versteht sich. Der Rückkehrerstrom vereint sich mit den vielen Chinesen aus Macau und Hongkong, die in der Volksrepublik billig Elektrogeräte und Lebensmittel einkaufen oder einfach einmal ›wie bei Muttern‹ essen wollen. Denn obwohl Zhu Hai eine prosperierende Sonderwirtschaftszone mit ausgesprochen westlich anmutenden Hochhäusern und breiten Prachtstraßen ist, bieten die Händler auf dem ausgedehnten Markt gleich hinter dem großen Zollgebäude Hunde, Katzen, Schlangen, Heuschrecken, Salangannester und andere kulinarische Besonderheiten an, die in Macau nicht mehr selbstverständlich erhältlich sind.

Folgt man vom Grenztor aus der Istmo Ferreira do Amaral geradeaus nach Süden, trifft man am Ende der Straße auf den buddhistischen **Lin Fong Temple**. Bereits seit seit dem Jahr 1592 steht er hier am Fuß des Mong Ha-Hügels und seine ehrwürdigen Mauern beherbergen heute auch das interessante **Lin Zexu Museum** (tgl. 10–18 Uhr). Es erinnert an den glücklosen chinesischen Beamten Lin Ze Xu, der um 1839 in kaiserlichem Auftrag den Opiumhandel unterbinden sollte.

50 Colina da Guia

TOP TIPP

Die höchste Erhebung Macaus ziert ein altes Fort mit Kapelle, Leuchtturm – und einem Panoramablick auf die Stadt.

Bus 12, 17, 18, 19, 22, 23 bis an den Fuß des Hügels zum Flora Garden, dann Cable Car

Ein schöner Spaziergang führt auf den bewaldeten Hügel von Guia, mit knapp 100 m der höchste Punkt von Macau. Auch wer sich mit dem Taxi hinbringen lässt, muss das letzte Stück nach einer Schranke über die Estrada do Engenheiro Trigo zu Fuß bewältigen. Die asphaltierte

Kapelle und Leuchtturm teilen sich den Gipfel des Colina da Guia

Straße endet auf der Hügelkuppe an der weiß gekalkten, ca. 4 m hohen Mauer des **Fortaleza da Guia** (tgl. 9–17.30 Uhr) in der sich rechts ein schmales Tor öffnet. Die Befestigungsanlage wurde 1637/38 zum Schutz gegen die Holländer errichtet, die die Stadt im 17. Jh. mehrere Male angegriffen hatten.

Einige Steinstufen in einem dunklen Gang führen auf einen kleinen ziegelgepflasterten Innenhof. Links geht es über eine Treppe zur hübschen, 1996 in hellgelb und orange restaurierten **Capela de Nossa Senhora da Guia**. Die Kapelle mit dem dominanten Dreiecksgiebel über der hohen Eingangstür wurde 1637 auf den Überresten eines Vorgängerbaus aus dem frühen 17. Jh. errichtet. Bei Letzterem handelte es sich wohl um eine 1622 errichtete Einsiedelei, wie Inschriften in der Kapelle vermuten lassen. Sie wurden erst jüngst entdeckt, zusammen mit den ebenfalls aus dem frühen 17. Jh. stammenden und somit ältesten Wandmalereien Macaus, die die Seitenwände schmücken. Sie sind auch dank ihrer Verknüpfung von westlicher und chinesischer Symbolik einzigartig, zeigen z. B. Engel, die chinesische Gewänder tragen.

Vom Innenhof führen rechts einige Stufen zum Vorplatz des 1865 erbauten **Farol de Guia**. Der erste Leuchtturm an der südchinesischen Küste ist zwar nur rund 10 m hoch, befindet sich aber bis heute im Dienst. Für Touristen bleibt der weiße Turm verschlossen, und auch die mächtigen Anker zu beiden Seiten des Eingangs lohnten den Weg herauf nicht. Interessant ist aber der **Ausblick** von der Brüstung über die Stadt: im Westen etwa auf wunderbar restaurierte historische Wohn- und Lagerhäuser hinter einem Militärparkplatz. Deutlich ist der patinagrüne spitze Kirchturm von São Miguel zu erkennen, um ihn herum einer der ältesten christlichen Friedhöfe Macaus. Im Südosten glitzert zwischen diversen Hochhäusern immer wieder die spiegelnde Oberfläche des Meeres durch.

Die Fortaleza da Guia ist ringsum gesäumt von den Bäumen und Grasflächen des frei zugänglichen **Flora Garden**. Sein Haupteingang liegt am Fuß des Hügels an der Avenida de Sidónio País, ganz in der Nähe der kubischen Talstation der **Cable Cars**, einer Gondelbahn, die Besucher in 80 Sekunden auf die Spitze der Colina da Guia bringt, und des Jardim Lou Lim loc [Nr. 47]. Ebenfalls nicht weit ist es zum *Memorial Dr. Sun Yat-Sen* (Rua de Silva Mendes, Tel. 57 40 64, Mi–Mo 10–17 Uhr), einer Ausstellung zu Ehren des großen chinesischen Erneuerers und ›Vaters der Republik‹, Dr. Sun Yat-Sen (1866–1925), in einem ehem. Wohnhaus seiner Familie.

51 Tourism Activities Centre

Um Wein und schnelle Autos geht es im Keller des repräsentativen Gebäudes.

431 Rua de Luís Gonzaga de Gomes
Bus AP1, 1A, 3, 3A, 28A, 28B, 28BX, 28C, 32

Das moderne, mit seiner Säulenfront geradezu monumental wirkende Tourist Activities Centre, kurz **TAC** genannt, erfüllt mehrere Funktionen. Erdgeschoss und erster Stock beherbergen Konferenzsäle, Räume für Wechselausstellungen und eine Videohalle. In der offenen Lobby führt links eine Treppe zu zwei kleinen, aber feinen Museen im Untergeschoss. Das im November 1993 eröffnete **Macau Grand Prix Museum** (Tel. 798 41 08, Mi–Mo 10–18 Uhr) dokumentiert voller Hingabe die Geschichte dieses berühmten Formel-III- und Motorrad-Rennens. Bei dem kurzweiligen Rundgang gibt es zahlreiche Originalgefährte zu sehen, der Triumph TR2 der ersten Ralley 1954 fehlt ebensowenig wie ein Lotus 22 von 1962/63. In einem Simulator kann man testen, wieviel Chancen man als

Fahrerin oder Fahrer auf der Piste hätte. Den Rekord hält übrigens ein 10-jähriger Junge.

Gegenüber, ebenfalls im Keller des TAC, widmet sich das **Museu do Vinho** (Tel. 798 41 17, tgl. 10–18 Uhr), das Weinmuseum, in den klimatisierten Kellergewölben der Dokumentation portugiesischer Weinerzeugung. Ein kleinerer Bereich stellt auch die chinesische Weinherstellung vor. Tropfen aus Portugal und China können an den langen Tischen am Eingang des Museums verkostet werden.

52 Centro Cultural de Macau

Konzerte, Tanz- und Theatervorführungen, dazu ein erstklassiges Kunstmuseum.

Avenida Xian Xing Hai
Tel. 75 17 18
www.ccm.gov.mo
tgl. 9.15–18 Uhr
Bus 8, 12, 17

Südöstlich des Tourism Activities Centre entstand Ende des 20. Jh. am und im alten Hafenbecken auf neu gewonnenem Land ein modernes Stadtviertel – gewissermaßen auf Wasser gebaut. Nun lädt hier das Vergnügungsareal der **Fisherman's Wharf** zu Essen, Trinken, Ausgehen und Freizeitspaß ein. An der neuen *Waterfront* der Landaufschüttung erhebt sich das markante, vorne halbkreis-, hinten quaderförmige **Kulturzentrum von Macau**. Es beherbergt auf fünf Stockwerken bzw. auf 11 920 m² einen Garten, zwei Hör-, mehrere Ausstellungs- und Konzertsäle sowie Bühnen. In diesen Räumlichkeiten finden auch die meisten Veranstaltungen des jährlichen *Musik- und Kunstfestivals* statt.

Der zugehörige Anbau gehört ganz dem im Frühjahr 1999 eingeweihten **Macau Museu de Arte** (Tel. 791 98 00, www.artmuseum.gov.mo, Di–So 10–18.30 Uhr). Bei einem spiralförmigen Rundgang um einen lang gezogenen Lichthof entdecken Besucher hier auf mehr als 4000 m² Kunstwerke, u. a. Keramiken und Kalligraphien, vor allem aber Gemälde von europäischen und südchinesischen Künstlern, vornehmlich der letzten 400 Jahre. Die qualitätvollen Exponate veranschaulichen sehr schön die wechselseitige Inspiration der westlichen und östlichen Welt.

Das Museu do Vinho lädt zum Verkosten eines portugiesischen Tröpfchens ein

Etwas weiter südlich führt ein kleiner Steindamm zur **Kun Iam-Statue**, einer schlanken, 20 m hohe Bronzestatue der Göttin der Barmherzigkeit auf einer kleinen künstlichen Insel in Form einer sich öffnenden Lotusblüte. Die golden schimmernde Figur ist eines der Wahrzeichen der Stadt. Das Inselinnere birgt das *Kun Iam Ecumenical Centre* mit Meditationsraum, Bibliothek und Souvenirshop.

Vorliebe fürs Geometrische offenbart auch der Neubau des Centro Cultural de Macau

53 Casino Lisboa

TOP TIPP

Eines der größten und das wohl bekannteste Kasino der Stadt ist im Hotel Lisboa eingerichtet.

Avenida da Amizade
Bus AP1, 3, 3A, 8, 10, 10A, 12, 23, 25, 28A, 28BX, 28C, 32

Das **Lisboa** nahe der *Governador Nobre de Carvalho Bridge* nach Taipa ist mit seinem hoch aufragenden Hotelturm ein wichtiger Orientierungspunkt. Es gehört Stanley Ho, dem Glücksspielmagnaten der Stadt. Daher ist es nicht verwunderlich, dass im Erdgeschoss der Edelherberge das größte Kasino Macaus seinen Sitz hat. Der halbrunde Eingangsbereich im Turm ist ganz in dunkelgrünem, auf Hochglanz polierten Marmor gehalten. Einige Stufen führen zu den Rezeptionsschaltern hinauf, in den abzweigenden Fluren sind hinter Glas wundervolle chinesische Kunstwerke ausgestellt, z.B. meterhohe Jadeschnitzereien. Hier kann man außerdem in Luxusgeschäften Uhren, Schmuck und Seidenhemden kaufen oder gleich am Security Check den Pass vorzeigen und anschließend über dicke Teppiche ins Spielerparadies eintreten.

Aus einem ringförmig umlaufenden Gang mit ›hungrigen Tigern‹, wie Geldspielautomaten hier genannt werden, und V.I.P.-Separees führen mehrere Zugänge über jeweils drei Stufen in den runden Mittelsaal. Ein riesiger Kristalllüster hängt über Roulette-, Baccarat-, Dai Siu- und anderen Spieltischen, sein Licht wird verdunkelt von den Rauchschwaden, die unzählige nervös rauchende Glücksritter erzeugen. Der große

Des einen Freud, des anderen Leid. Auch beim Blackjack kann nicht jeder gewinnen

Rien ne va plus – oder: Ein bisschen was geht immer

Die Vergnügungsangebote in Macaus Spielkasinos sind, dem Publikum entsprechend, international. Selbstverständlich ist **Roulette** dabei, bei dem man auf Zahlen von 0 bis 36 sowie auf verschiedene Kombinationen setzen kann. Tische und Spielart entsprechen dem bekannten Standard. Aber auch die überschaubarere chinesische Variante dieses Spiels, **Dai Siu**, ›Groß und klein‹, ist sehr beliebt. Anstelle eines sich drehenden Glücksrads verwenden die Croupiers dabei drei unter einer Glasglocke befindliche Würfel, die nach Abgabe der Einsätze elektronisch in Bewegung gesetzt werden. Man kann wetten, ob die Gesamtaugenzahl gerade oder ungerade, klein oder groß ist, d.h. über oder unter dem Wert 9 liegt, oder ob ein Pasch gewürfelt wird. Eine Spielart arbeitet anstelle von Zahlen mit Tiersymbolen wie Hahn oder Krebs, die ebenfalls auf den drei Würfeln abgebildet sind.

Am lautesten geht es an den **Fan Tan**-Tischen zu, an denen meist chinesische Gäste mit großer Begeisterung um häufig enorm hohe Summen spielen. Unter einem Silberbecher ist jeweils eine unbekannte Anzahl von Spielsteinen verborgen. Man wettet auf das anschließende Verteilungsmuster: Die Steine werden nach Abschluss der Wetten in Vierergruppen sortiert und auf ein Spielfeld verteilt, was jedes Mal Anlass zu lautstarken Diskussionen und Kommentaren der umstehenden Spieler gibt. Man kann darauf setzen, auf welchem Feld wie viele Steine zu liegen kommen und ob ein Stein übrig bleibt bzw. zwei Steine, drei oder keiner.

Mit einem vertikal angebrachten Glücksrad werden beim **Boule** die Gewinnzahlen ermittelt. An üblichen Kartenspielen sind **Baccarat**, auch Chemin de Fer genannt, und **Blackjack** vertreten, das auch als 17 und 4 bekannt ist. Die Spielidee ist bei beiden die gleiche: während es bei Baccarat darum geht, auf Karten zu setzten, die möglichst nah an den Wert 9 herankommen, ist das Ziel bei Blackjack, die 21 zu erreichen, jedoch keinesfalls zu überschreiten.

Raum ist erfüllt vom an- und abschwellenden Gemurmel der Spieler, ab und an übertont ein lauter Knall von heftig aufeinanderschlagenden Fan Tan-Steinen die Geräuschkulisse. Chinesen spielen meist leidenschaftlich, die Atmosphäre unterscheidet sich deutlich vom gesetzteren Ambiente europäischer Spielkasinos. Es gibt Spieler, die ihr Geld in Plastiktüten mitbringen und unscheinbare Millionäre vom Festland, deren Wohlstand weder an Kleidung noch am Benehmen zu erkennen ist, und alle wollen nur eines: gewinnen.

An Gelegenheiten dazu fehlt es auch in unmittelbarer Nähe nicht: Gegenüber des Casino Lisboa eröffnet im Herbst 2006 das **Wynn Macau**, ein Luxus-Hotelcasino mit 500 Spieltischen, 900 Glücksspielautomaten, 600 Hotelzimmern sowie mehreren Restaurants und Bars.

54 Nam Van

Groß angelegtes Landgewinnungsprojekt entlang der Südwestküste der Altstadt.

Groß angelegte Aufschüttungsaktionen haben Macaus Fläche von 16 km^2 1985 auf fast 27,5 km^2 erweitert. Das Nam-Van-Projekt fügt entlang der Küstenpromenade Praia Grande weiteren wertvollen Grund hinzu. Auf weiten Teilen des Neulands wachsen bereits Wohn- und Geschäftstürme in die Höhe, zwei neu entstandene Binnenseen sorgen mit Wasserspielen und abendlicher Illumination für Stimmung. Sie werden überragt vom schlanken, 338 m hohen **Macau Tower** (www.macautower.com.mo, Tel. 93 33 99), der zum Zeitpunkt seiner Eröffnung im Dezember 2001 der zehnthöchste Turm der Welt war. Vom ›360 Café‹, dem Drehrestaurant im obersten Stockwerk (219 m Höhe), können sich Besucher ein luftiges Bild von Macau und Umland machen. Oder man unternimmt, von Seilen gesichert, einen Spaziergang außerhalb der Aussichtslounge: *Skywalk* in 216 m Höhe oder *Skywalk X* in 233 m. Wem das nicht genug Nervenkitzel ist, kann den *Mast Climb* (Tel. 988 86 56) wagen, der auf eine Plattform auf der Turmspitze führt, auf der gerade mal eine Person Platz findet. Der Ausblick ist in jedem Fall fantastisch. An weiteren Sportmöglichkeiten bietet der Turm Fassadenklettern, Bouldering oder Ironwalk wenn's rauf gehen soll,

Vorreiterrolle – der markante Rundbau des Hotel-Casino Lisboa führt den Reigen der Hochhäuser am Nam Van-Binnensee an

Long Flying Fox oder Sky Jump für ungewöhnliche Wege abwärts.

Die unteren Geschosse und Nebengebäude des Macau Tower beherbergen Stadtverwaltung, Büroflächen sowie das vierstöckige *Convention & Entertainment Centre* mit Fahrgeschäften, Läden, Restaurants und Kino.

Eine Besonderheit ist auch der **Nam Van Cybernetic Fountain** in der Baia da Praia Grande, der mit maximal 86, bis zu 80 m hohen Wasserfontänen beeindruckt. Sa/So werden sie 20.30–21 und 21.30–22 Uhr zudem von einer Lasershow mit 288 farbigen Spotlights begleitet.

Nur wenige hundert Meter westlich ragen die beiden dunklen Marmormonolithen der **Portas do Entendimento/Gate of Understanding** 40 m hoch in den Himmel. Die Volksrepublik China stiftete dieses ›Tor des Verständnisses‹ 1993 zu Ehren der chinesisch-portugiesischen Beziehungen. Den schmalen Spalt zwischen den beiden Denkmalteilen sieht der Betrachter nur aus manchen Blick-

Ohne Höhenangst ein Kinderspiel – Skywalk X auf dem 338 m hohen Macau Tower

winkeln, aus anderen betrachtet, wirkt das Kunstwerk wie ein einziges Stück.

Weiter entlang der Praia Grande stadteinwärts, sieht man bald linkerhand am Hang eine in rot-weiß renovierte Villa im Kolonialstil. Hier residiert seit einigen Jahren die Regierung der Sonderverwaltungsregion Macau.

55 Ermida da Penha

Kirche der Seeleute und Brautpaare.

Colina da Penha
Bus 6, 9, 28B bis Rua da Praia do Bom Parto, dann zu Fuß oder mit dem Taxi über Rua do Comendador Kou Hò Neng und Estrada de Dom João Paulino auf den Hügel
tgl. 10–18.30 Uhr

Der Colina da Penha im Südwesten von Macau, an dessen Hängen sich die Villen der Reichen und Mächtigen reihen, wird beherrscht von der aus hellem beigegrauem Sandstein errichteten Ermida da Penha mit ihrem hoch aufragenden viereckigen Glockenturm. 1622 hatten portugiesische Seefahrer aus Dankbarkeit darüber, dass sie einem Angriff holländischer Piraten entgangen waren, eine erste Kapelle an dieser Stelle erbaut, die sie der Heiligen Mutter Gottes weihten. Seitdem kamen die macanesischen Kaufleute hierher zum Gebet, bevor sie zu einer gefährlichen Reise über das Meer aufbrachen. Bis 1837 stand in unmittelbarer Nähe sogar der Bischofspalast von Macau. Im Rahmen einer umfassenden Sanierung übernahm die Regierung das Gebäude als Gouverneurssitz und der kirchliche Würdenträger zog in die Stadtmitte. Damit sank auch die Ermida da Penha in der Gunst der Gläubigen, und seit einer weiteren Restaurierung in den Jahren 1934/35 werden keine Messen mehr in diesem Gotteshaus abgehalten. Doch mit ihrem würdevoll-schlichten Inneren, dem Holzparkett und einem neogotischen Altar unter modernem Buntglasfenster bildet sie noch heute einen beliebten Rahmen für Hochzeiten.

Vom Kirchenvorplatz, dem **Miradouro de Nossa Senhora da Penha**, bietet sich ein weiter Ausblick: vom Dächermeer der Stadt im Osten über die beiden Seen des Nam Van-Projektes mit Macau Tower und dem Gate of Understanding zur Ilha de Montana und dem dahinter liegenden chinesischen Festland.

56 A Ma Temple

TOP TIPP *Der älteste Tempel Macaus liegt an der Bucht A Ma Gao, die der Stadt im 16. Jh. ihren portugiesischen Namen verlieh.*

Rua de São Tiaga da Barra / Largo do Pagode da Barra
Bus 1, 1A, 2, 5, 6, 7, 9, 10, 10A, 11, 18, 21, 21 A, 28 B, 34
tgl. 8–18 Uhr

Eigentlich ist der taoistische A Ma-Tempel der Meeresgöttin *Tin Hau* geweiht, doch der Name der Anlage bezieht sich auf das Mädchen *A Ma*, dessen Schiff der Legende nach in einen Sturm geriet und an dieser Stelle strandete. Sie verwandelte sich in eine Personifikation der Meeresgöttin, und die Fischer errichteten am Ufer den Tempel für A Ma. Als die Portugiesen im 16. Jh. an dieser Küste landeten und sich nach dem Namen des Ortes erkundigten, bekamen sie A Ma Gao, A Ma-Bucht, zu hören – und die Bezeichnung Macau war geboren.

Der heutige Haupttempel von A Ma stammt aus dem 16. Jh., die anderen Schreine und Hallen, auf Terrassen am darüber liegenden Hang angelegt, wurden später hinzugefügt. Zwei steinerne Löwen bewachen den Zugang zum Tempelareal. Es soll Kindersegen und Glück bringen, die Kugel im Maul des linken, weiblichen, dreimal links herum bzw. im Maul des rechten, männlichen, dreimal rechts herum zu drehen. Gleich hinter dem opulent mit Stein- und Holzreliefs verzierten Eingangsportal zeigt ein Gemälde auf einem riesigen rundgewaschenen Felsen das Schiff, mit dem A Ma in Seenot geraten sein soll. Rechts geht es zur auf zwei Seiten offenen Haupthalle. Die Statue der Göttin auf dem zentralen Schrein ist durch die dichten Rauchschwaden der Weihrauchspiralen und aufgrund der zahlreichen Kerzen, Räucherstäbchen und des goldglänzenden Altarschmucks kaum zu erkennen. Ringsum bieten Wahrsager, Devotionalien- und Räucherstäbchenhändler ihre Dienste und Waren an. Im vorderen Teil werfen Gläubige Geld durch ein Schutzgitter in ein kleines Schildkrötenbassin. Genauer gesagt versuchen sie, eine Münze auf dem Kopf oder zumindest dem Panzer der Tiere zu platzieren, was Glück bringen soll. Leicht ist das allerdings nicht, denn die Schildkröten ziehen meist ihre Köpfe ein und die Rückenpanzer sind ausgesprochen glitschig. Ausgetretene Steinstufen führen zu weiteren Hallen und Tempeln am Hang, ihre bunt glasierten Dächer überragen das Buschwerk. Eines dieser reich mit Schnitzwerk geschmückten Bauwerke ist Kun Iam gewidmet, der Göttin der Barmherzigkeit.

Der gesamte A Ma-Tempel erfreut sich größter Beliebtheit bei den Einwohnern Macaus. Besonderer Andrang herrscht

Das runde Tor des A Ma-Tempels verwehrt bösen Geistern den Zugang ins Heiligtum

alljährlich beim **Patronatsfest** der A Ma im April oder Mai. Dann ist der Platz vor der Anlage von einer dicht an dicht stehenden Menschenmenge gefüllt, durch die sich eine Prozession mit der Statue der Göttin in Schwerstarbeit ihren Weg kämpft. Selbstverständlich ist ein solcher Feiertag ohne Feuerwerk, Musik und reichlich gutes Essen undenkbar.

57 Museu Maritimo de Macau

Karavellen, Dschunken und Drachenboote spiegeln Macaus maritime Geschichte.

Largo do Pagode da Barra 1
Bus 1, 1A, 2, 5, 6, 7, 9, 10, 10A, 11, 18, 21, 21 A, 28 B, 34
Tel. 59 54 81
www.museumaritimo.gov.mo
Mi–Mo 10–17.30 Uhr

Gegenüber dem A Ma-Tempel liegt, unmittelbar am Wasser, Macaus **Schifffahrtsmuseum**. Den Eingang markiert eindrucksvoll ein Drachenboot für 36 Ruderer, daneben liegt am Pier Nr. 1 die museumseigene **Dschunke** vor Anker. Sie ist zu besichtigen, legt aber auch zu kostenpflichtigen halbstündigen Rundfahrten durch den Porto Interior, den Inneren Hafen sowie zum Macau Tower ab. An Land sorgt ein Tauchsimulator für die richtige maritime Einstimmung.

Das weiße Museumsgebäude erinnert von außen an im Wind geblähte Segel, die runden Fenster an Bullaugen. Und schon in das Kassenhäuschen ist ein Goldfischaquarium integriert. Innen wird auf zwei Etagen und einem Zwischengeschoss die für Macau so wichtige Welt des Meeres und der Seefahrt dokumentiert. Zu der reichhaltigen Sammlung gehören Schiffsmodelle und andere interessante Exponate zur Geschichte des Seehandels, zu Fischereitechniken, den Lebensbedingungen an der Küste und dem Lebensraum Meer. Weitere Themen sind die Epochen der großen Seefahrer und Piraten sowie die Mythologie der Meere, von den Wassergöttern dieser Welt wie Poseidon und Tin Hau bis zu Klabautermännern. Im Untergeschoss sind u. a. in vier Aquarien Flora und Fauna der maritimen Lebensräume Fluss, Hafen, Korallenriff und Schiffswrack dargestellt.

58 Taipa Island

Idyllische Insel mit hoher Wohnqualität nahe dem geschäftigen Macau.

Taipa Village – Casas Museu – Hippodrom
Bus 11, 22, 28A, 30, 33, 34 ab Macau, Bus 15 ab Coloane

Zwei Brücken verbinden die Landzunge von Macau mit der vorgelagerten Insel Taipa: Die 1974 errichtete ›alte‹ **Ponte Go-**

Bullaugenfenster und Segeldach kennzeichnen das Museu Maritimo de Macau

In kühnem Schwung führt die Neue Brücke vom Outer Harbour zur Insel Taipa

vernador Nobre de Carvalho beginnt beim Hotel Lisboa und ist 2,9 km lang, die 4,7 km lange, 1995 eröffnete **Ponte de Amizade**, auch *New Macau-Taipa Bridge* genannt, geht vom Jetfoil Terminal am Outer Harbour aus.

Das ausgezeichnet ausgebaute Verkehrswegenetz ergänzt die 1999 eingeweihte und mit einem Grenzposten (tgl. 9–20 Uhr) ausgestattete **Lotus Flower Bridge** mit ihren kühnen Bögen südwestlich von Taipa. Sie führt von der chinesischen Insel Heng Qin zum Taipa–Coloane Causeway. Die Anfangsbuchstaben von Coloane und Taipa gaben dem Neulandgewinnungsprojekt zu beiden Seiten der Verbindungsstraße den Namen **Cotai-Strip**. Dort sollen bis zum Jahr 2007 auf rund 4 km^2 ›Reclamation Land‹ sieben Casino-Hotels entstehen, darunter das *Venetian Macau Casino Resort* im aus Las Vegas bekannten Stil Venedigs mit Markusplatz, Canale Grande und Gondeln. Auch im Osten Taipas wurde Land neu gewonnen; der dort 1995 eröffnete, damals ins Meer gebaute *Aeroporto Internacional de Macau* ist heute ein Teil der Insel.

Obwohl der Flughafen das Leben auf Taipa verändert hat und die Ansiedlung von Industrie sowie den Bau neuer Hochhaussiedlungen nach sich zog, gehört das Eiland nach wie vor zu den beliebtesten Wohngegenden der Macanesen. Hier kann man relativ ruhig und zurückgezogen leben und doch in nur 5 Min. mit dem Minibus die Innenstadt von Macau erreichen. Die einzige größere Siedlung ist **Taipa Village**, ein ehemaliges Fischerdorf im Süden, das mittlerweile auf gut 100 000 Einwohner angewachsen ist. An seiner Peripherie ragen moderne Wohntürme auf, aber im Zentrum können noch der kleine alte Tin Hau Temple sowie in der Rua do Cunha die niedrigen traditionellen Häuschen mit ihren zur Straße hin

Getrocknete Fleischfladen sind das ortsübliche Fast Food in Taipa Village

offenen Geschäften besichtigt werden. In diesen kopfsteingepflasterten Gassen findet sonntags 12–21 Uhr ein Markt statt, auf dem Gemüse, Obst, Fisch und Kunsthandwerk angeboten werden.

Nach einem Einkaufsbummel lohnt es sich, den **Casas Museu** (Tel. 82 53 14, Di–So 10–18 Uhr) am Meeresufer nahe vor der Schnellstraße nach Coloane einen Besuch abzustatten. Eine der drei properen kleinen Strandvillen, die sich europäische Kaufleute im frühen 19. Jh. an das damalige Meeresufer bauen ließen, wurde mit Originaleinrichtung aus seiner Entstehungszeit als Museum zugänglich gemacht, ein anderes beherbergt eine kleine ethno- und geographische Sammlung zur Handelsgeschichte Macaus.

Etwas weiter entlang der stimmungsvollen Avenida da Praia lohnt sich ein kurzer Besuch der kleinen *Dorfkirche Unsere Liebe Frau von Carmel*. Regen Zulaufs erfreuen sich die Pferderennen des *Macau Jockey Club* auf der Galopprennbahn des **Hippodrom** im Westen von Taipa.

59 Coloane Island

Wald und Strände charakterisieren Macaus Grüne Insel.

Praia da Hac Sá – Coloane Village – Parque de Seac Pai Van

Auf Coloane konzentrieren sich die beliebtesten Freizeitsporteinrichtungen von

Stanley Ho – eine asiatische Legende

Es heißt, von jedem Dollar, der in Macau ausgegeben wird, fließt die Hälfte direkt in die Taschen von **Stanley Ho Hung-Sin** (*1921). Jahrzehntelang war Sun Gor, der ›Große Bruder Sun‹, alleiniger Lizenzinhaber für Glücksspieleinrichtungen in Macau, eine Quelle beträchtlichen Reichtums. Dabei hat auch Stanley Ho einmal klein angefangen – so jedenfalls will es die Legende. In den 40er-Jahren des 20. Jh. hatte es den jungen Hung-Sin nach **Macau** verschlagen, mit gerade einmal 10 HK-$ in der Tasche und all seinen Habseligkeiten in einer Plastiktüte. Doch Stanley machte aus der Not eine Tugend und zog mit einem lecken Fischerboot einen florierenden **Gemüsehandel** vom ›Mainland‹ aus auf.

Nach Hos eigenem Bekunden kam die entscheidende Wende in seinem Leben jedoch erst, als er einige Jahre später die junge Macanesin Clementine Leitao aus gutem Hause kennen lernte, seine erste Ehefrau. Noch heute spricht Stanley Ho von ihr als seiner Glücksbringerin, eine Bedeutung, die seine drei weiteren Ehefrauen anscheinend nicht erlangten. 1960 erhielt Hos Firma **Sociedade de Turismo e Diversoes de Macau**, Gesellschaft für Tourismus und Unterhaltung, die Lizenz zum Betreiben des bis dato in der gesamten Region illegalen **Glücksspiels**. Die Konzession brachte der portugiesischen Regierung eine gesicherte jährliche Pauschalsumme. Und Macau genoss bald den Ruf eines ›Las Vegas Asiens‹. Obgleich es in der Folgezeit für die Mehrzahl der Spieler bei der bloßen Verheißung von Reichtum blieb, einer sahnte wirklich ab: Stanley Ho. Heute steht er mit einem Privatvermögen von 1,4 Mia. US-$ auf der Forbes Milliardär-Liste. Er besitzt Anteile an allen großen Hotels in Macau, und das Lisboa ist sein Schmuckstück. Ho nennt darüber hinaus die Jetfoil Ferries sein eigen und ist Herr über diverse Industrie- und Dienstleistungsunternehmen.

Bei der Neuverteilung der **Glücksspielkonzession** im Jahr 2002 wurden neben Stanley Hos zwei weitere Gesellschaften berücksichtigt, nämlich die *Wynn Resorts* des US-Amerikaners Steve Wynn sowie die *Galaxy Casino Company Ltd.*, deren Haupteigner das The Venetian in Las Vegas betreibt. Und tatsächlich, die – vermeintliche – Konkurrenz belebt das Geschäft. Derzeit entstehen zahlreiche neue **Hotel- und Casinobauten** in Macau, darunter der 30-stöckige Erweiterungsbau des Lisboa, gegenüber Wynns nicht minder spektakuläres ›Wynn Macau‹ sowie am Hafen das luxuriöse ›Star World‹ der Galaxy-Gruppe. Ihr Geschäftspartner, die aus Las Vegas bekannte *Sands Corporation* von Sheldon G. Adelson, engagiert sich stark im sog. Cotai-Strip [s. S. 108], Neuland zwischen Coloane und Taipa, auf dem bis 2007 sieben große Casino-Hotels eröffnen sollen, darunter eine weitere Version des ›Venetian‹.

Schneeweiße Einfamilienhäuschen säumen die Badebucht von Hac Sá

Macau. Den Osten der Insel nimmt der 18-Loch-Golfplatz des *Macau Golf and Country Club* ein. An das Gelände schließt sich die **Praia da Hac Sá** an, eine baumbestandene, lang gezogene Bucht mit feinem schwarzen Sand. Allerdings verleiht dieser dem oft aufgewühlten Meerwasser ebenfalls eine dunkle Farbe, sodass manche Besucher lieber auf den benachbarten **Hac Sá Sports- and Recreation Complex** ausweichen. Auf rund 18 500 m^2 bietet er Hallen- und Freibäder, Grünflächen sowie Picknick- und Grillplätze.

Hellerer Sand säumt die ebenfalls beliebte, von Schirmakazien und Pinien umgebene Bucht von **Cheoc Van** im Süden der Insel. Von hier ist es nicht weit zu dem reizvollen Dorf **Coloane Village** (5000 Einw.). Die wenigen Straßen sind von niedrigen Fischerhäusern flankiert, der größte Platz, der **Largo Eduardo Marques** am Meeresufer, ist schnell gefunden. In der kleinen, 1928 errichteten neobarocken *Igreja de São Frances Xavier* wird als Reliquie ein Knochen des Kirchenpatrons aufbewahrt. Vor dem weißgelben Gotteshaus mit den grellblau bemalten Türen erinnert ein Brunnen mit Denkmal an eine Entführung von Dorfbewohnern durch Piraten, die in der Nacht vom 12. auf den 13. Juni 1910 mit einer blutigen Niederlage der Verbrecher endete. Rings um den länglichen Kirchplatz haben mehrere Fischrestaurants unter Kolonnaden ihre Tische aufgestellt.

Sehenswert sind auch die **Dschunkenwerften**, die nur ein kurzes Wegstück nordwärts am Ufer liegen. In gut 10 m hohen offenen Hallen kann man Teams von jeweils acht Schiffsbauern bei der Arbeit beobachten. Kein Computer, kein Taschenrechner hilft ihnen, ihr Handwerk basiert auf Augenmaß und Erfahrung. Zwei Monate brauchen sie, um eine neue Dschunke mit dem typischen hohen Achterndeck zu bauen. Das Holz dafür wird aus Malaysia importiert, und das fertige Schiff ist mit mind. 800 000 HK-$ letztlich nicht zu teuer bezahlt.

Einen Großteil des Inselinneren von Coloane nimmt der rund 20 ha umfassende **Parque de Seac Pai Van** (Di–So 9–17.45 Uhr) ein. Das hübsch mit Baumgruppen und Teichen angelegte hügelige Grüngelände durchzieht ein ausgedehntes Netz von Fahrrad- und Wanderwegen. Vom etwa 8 km langen Macau Trail z. B., der über die Parkgrenzen hinaus auf den *Alto Coloane* (176 m) führt, öffnen sich mehrmals Aussichten über die Insel und das chinesische Festland im Westen.

Im Park selbst wurden ein Aviarium sowie ein Arboretum eingerichtet. Daneben bietet die Naturkundesammlung des **Museu Natural e Agrário** (Di–So 10–16 Uhr) einen Überblick über Flora und Fauna der Region. Die Schwerpunkte der Dokumentation liegen auf der traditionellen chinesischen Medizin und den verschiedenen Heilpflanzen.

the boathouse

KING JEWELLERY
SONY
Nikon
115
Kodak Gold

Hongkong und Macau aktuell A bis Z

Vor Reiseantritt

ADAC Info-Service:
Tel. 018 05/10 11 12, Fax 018 05/30 29 28 (0,14 €/Min.)

ADAC im Internet:
www.adac.de
www.adac.de/reisefuehrer

Hongkong im Internet:
www.discoverhongkong.com

Macau im Internet:
www.macautourism.gov.mo
www.macau-info.de

Touristische Informationen (Prospekte, Broschüren, Verzeichnisse ...) vor Reiseantritt:

Deutschland, Österreich, Schweiz

Hong Kong Tourist Board, Humboldtstr. 94, 60318 Frankfurt/Main, Tel. 069/959 12 90, Fax 069/597 80 50, frawwo@hktourismboard.com

Fremdenverkehrsbüro Macau, Schenkendorfstraße 1, 65187 Wiesbaden, Tel. 06 11/267 67 30, Fax 06 11/267 67 60, macau@discover-fra.com

Allgemeine Informationen

Reisedokumente

Deutsche, Österreicher und Schweizer benötigen für die Einreise nach Hongkong, Macau und in weitere chinesische Sonderwirtschaftszonen einen mind. noch sechs Monate gültigen Reisepass. Visa sind für Hongkong und Macau nicht erforderlich, sofern der Aufenthalt drei Monate nicht überschreitet. Kinderausweise müssen mit Lichtbild und den Vermerk ›Deutsch‹ versehen sein.

Kfz-Papiere

Fahrzeugpapiere sowie Nationaler und mind. noch drei Monate gültiger Internationaler Führerschein.

Krankenversicherung und Impfungen

Vor Reiseantritt sollte man eine private *Auslandsreiseversicherung* abschließen, die evtl. anfallende Behandlungskosten und im Notfall Rücktransport einschließt.

Empfehlenswert ist die Überprüfung des allgemeinen Impfschutzes (Diphtherie, Tetanus und Polio), sowie gegen Hepatitis A, Hepatitis B, Typhus. Es besteht ein – wenngleich sehr geringes Risiko – für Malaria tropica und Malaria tertiana. Mitunter tritt Dengue-Fieber auf. Viele Erkrankungen werden durch Insekten, verunreinigte Nahrungsmittel und Getränke übertragen.

Reisemedizinische Hinweise für ADAC-Mitglieder: Tel. 089/76 76 77

Zollbestimmungen

Keine Einschränkungen für persönlichen Reisebedarf (pro Person max. 1 l Wein, 200 Zigaretten oder 50 Zigarren oder 250 g Tabak) bei der direkten Einreise von Europa aus sowie im ›kleinen Grenzverkehr‹ zwischen Hongkong und Macau.

Geld

In *Hongkong* bezahlt man mit dem **Hong Kong Dollar** (HK-$), der in 100 Cents unterteilt ist. In Umlauf sind Banknoten zu 10, 20, 50, 100, 500 und 1000 HK-$, Münzen zu 1-, 2-, 5- und 10-HK-$ sowie zu 10, 20 und 50 Cents. Der HK-$ ist im festen Wechselkurs von 7,8 : 1 an den US-$ gebunden.

Währungseinheit in *Macau* ist der **Pataca** (MOP-$) zu 100 Avos. Es gibt Banknoten zu 10, 20, 50, 100, 500 und 1000 MOP-$, Münzen zu 1. 2, 5 und 10 MOP-$ sowie zu 10, 20 und 50 Avos. Auch der HK-$ ist in Macau gültig, der eine etwas höhere Kaufkraft besitzt als der Pataca.

Beide Währungen dürfen in beliebiger Höhe ein- und ausgeführt werden.

◁ *Vielfalt am Perlflussdelta:*
Oben links : *Drachentanz*
Oben rechts: *Glücksbringer*
Mitte: *Abends in Stanley*
Unten links: *Verkehrsgetümmel*
Unten rechts: *Traditionshandwerk*

Die meisten Geschäfte, Hotels und Restaurants in Hongkong und Macau akzeptieren gängige **Kreditkarten** wie VISA oder MasterCard. Banken und lizensierte Geldwechsler tauschen **Travellerschecks** in jeglicher Währung.

Tourismusämter

Hongkong

Hong Kong Tourist Board (HKTB): Hong Kong International Airport, Ankunftshallen, tgl. 7–23 Uhr, 24 Std. Cyber Link zur HKTB-Website. – Kowloon, Star Ferry Concourse, Tsim Sha Tsui, tgl. 8–20 Uhr. – Hong Kong Island, Causeway Bay, MTR-Station nahe Ausgang F, tgl. 8–20 Uhr. – Lo Wu Bahnhof (New Territories), Ankunftshalle 2/F, tgl. 8–18 Uhr, 24 Std. CyberLink zur HKTB-Website

Visitor Hotline, Tel. 25 08 12 34 (mehrsprachig)

Macau

Macau Government Tourist Office (MGTO), Alameda Dr. Carlos D'Assumpeao, 335-341, Edificio ›Hot Line‹, Tel. 31 55 66, Fax 51 01 04

Tourist Hotline: Tel. 33 30 00

Notrufnummern

Polizei, Ambulanz, Feuerwehr: Hongkong, Macau: Tel. 999

Tourist Emergency Hotline: Tel. 110

ADAC-Notrufzentrale München: Tel. 001 49/89/22 22 22 (rund um die Uhr)

ADAC-Ambulanzdienst München: Tel. 001 49/89/76 76 76 (rund um die Uhr)

Pannenhilfe: Hong Kong Automobile Association (HKAA) Tel. 27 39 52 73

Crime Hotline/Beschwerden über Taxifahrer: Hongkong, Tel. 25 27 71 77

Ambulanz: Hongkong, Tel. 25 76 65 55 (Hong Kong Island), Tel. 27 13 55 55 (Kowloon und New Territories)

Österreichischer Automobil Motorrad und Touring Club
ÖAMTC Schutzbrief-Nothilfe: Tel. 001 43/(0)1/251 20 00

Touring Club Schweiz
TCS Zentrale Hilfsstelle: Tel. 00 1 41/(0)224 17 22 20

Diplomatische Vertretungen

Die Konsulate in Hongkong sind jeweils auch für Macau zuständig.

Tramway – typisch Hongkong

Deutschland
Generalkonsulat, United Centre, 21. St., 95 Queensway, Admiralty, Hong Kong Island, Tel. 21 05 87 88, Fax 28 65 20 33, www.hongkong.diplo.de

Österreich
Generalkonsulat, 34-37 Connaught Road, 2201 Chinachem Tower, Central, Hong Kong Island, Tel. 25 22 80 86, Fax 25 21 87 73

Schweiz
Generalkonsulat, Central Plaza, Suite 6206-07, 18 Harbour Road, Wanchai, Tel. 25 22 71 47, Fax 28 45 26 19

Besondere Verkehrsbestimmungen

In der einstigen britischen Kronkolonie Hongkong fährt man wie in Großbritannien auf der linken Straßenseite, ebenso in Macau. Obwohl der Straßenverkehr in Hongkong und Macau im Gegensatz zu vielen anderen asiatischen Metropolen in relativ geordneten Bahnen verläuft und Verkehrsregeln weitgehend beachtet werden, ist es ausländischen Besuchern nicht unbedingt zu empfehlen, sich selbst ans Steuer zu setzen.

Elektrizität

200/220 V Wechselstrom, 50 Hz. Steckdosen sind für britische Rundstecker konzipiert, doch die meisten Hotels halten Adapter bereit.

Zeit

MEZ + 7 Stunden, während der europäischen Sommerzeit + 6 Stunden.

Anreise

Hongkong

Bahn

Man kann per Bahn, mit der **Kowloon–Canton Railway** (KCR), von Guangzhou (Kanton) aus nach Hongkong reisen. Ankunfts- bzw. Abfahrtsbahnhof ist die *Hung Hom Station* im Osten Kowloons. Über die Haltestellen Ho Man Tin, Mong Kok, Sha Tin, University, Tai Po Kau, Tai Po Market, Fanling und Sheung Shui erreicht man in etwa 1,5 Std. die Grenzstation Lo Wu, wo die Einreiseformalitäten außerhalb des Zuges erledigt werden.

Informationen über Zugverbindungen unter Tel. 26 02 77 99, www.kcrc.com.

Flugzeug

Die meisten Besucher erreichen Hongkong mit dem Flugzeug. Cathay Pacific z. B. fliegt direkt ab Frankfurt und Zürich; andere Airlines mit Umsteigen ab allen größeren europäischen Flughäfen.

Chek Lap Kok Hong Kong International Airport (HKG), im Norden von Lantau Island, ca. 25 km östlich der Hongkonger Innenstadt, Tel. 21 81 00 00 (in englisch), www.hongkongairport.com

Die Verbindungen zwischen Flughafen und City sind ausgezeichnet:

Rail Link: Komfortablen Hochgeschwindigkeitszüge der MTR, etwa 20 Min. nach Kowloon, knapp 25 Min. nach Central auf Hong Kong Island. Von diesen beiden innerstädtischen Haltestellen fahren kostenlose *Airport Express Shuttles* (AES) auf sechs Routen z. B. zum KCR Bahnhof in Hung Hom, dem China Ferry Terminal sowie zu 21 ausgewählten Hotels.

Flughafen-Busse: Zahlreiche Linien, etwa N11 (Endhaltestelle Moreton Terrace, Causeway Bay, Hong Kong Island), N 21 (Mong Kok KCR Bahnhof, Kowloon), N 22 (Star Ferry Pier, Tsim Sha Tsui, Kowloon) oder N 31 (Tsuen Wan, New Territories).

Taxis und **Limousinenservices** vor dem Huptterminal.

Ferry Link: Fähren ab Flughafen-Fährterminal nach Tuen Mun (New Territories), Discovery Bay (Lantau Island) und Macau; tgl. 6–22 Uhr.

Macau

Die meisten ausländischen Besucher reisen von Hongkong aus nach Macau. Die Entfernung beträgt rund 65 km. Mit der Fähre ist sie in 50–95 Min. zurückzulegen, mit dem Helikopter dauert es ca. 20 Min.

Bahn

Derzeit enden die von Guangzhou kommenden Bahngleise in Zhu Hai, doch eine Verlängerung bis Macau ist geplant.

Flugzeug

Aeroporto Internacional de Macau/ Macau Int. Airport (MFM), Taipa, Tel. 78 54 48, www.macau-airport.gov.mo

Cathay Pacific bietet Direktflüge ab Europa etwa von Lissabon aus an, ansonsten kann man z. B. über Bangkok, Singapur oder Manila anreisen. Sehr gute Flugverbindungen auch zwischen Macau und der VR China.

Bus AP 1 verkehrt in die Innenstadt, **Taxis** mit Taxameter fahren vom Flughafen alle Ziele in Macau an.

Helikopter

Mehrmals tgl. Helikopter zwischen Shun Tak Centre (Central, Hong Kong Island) und Landeplatz beim Fähranleger Outer Harbour von Macau; einfach ca. 16 Min.

East Asia Airlines, Tel. 21 08 98 98 (HK), Tel. 72 72 88 (Macau), www. helihong kong.com

Schiff

Von Hongkong aus mit Tragflügelbooten (Jetfoils, Hydrofoils), Luftkissenbooten (Hovercraft), Katamaranen (Jetcats) oder relativ langsamen Fähren. Die Überfahrt dauert 1–1½ Std., mitunter auch länger. An Wochenenden kann es ohne Vorbestellung zu Ticket-Engpässen kommen.

Die wichtigste Ablegestelle in Hongkong ist das **Hong Kong Macau Ferry Terminal**, 202 Connaught Road, Central District, Hong Kong Island, Tel. 25 47 52 65, MTR: Sheung Wan. Tgl. zahlreiche Verbindungen verschiedener Anbieter, z. B. von *TurboJet*, Buchungen Tel. 29 21 66 88 (HK), Tel. 790 70 39 (Macau), www.turbo jet.com.hk. Am **Harbour City Complex** in Tsim Sha Tsui, Kowloon, ist weniger los. Diesen Pier nutzen z. B. Fähren der *Hong Kong Yaumati Ferry Co.*, Tel. 25 16 92 98 (HK). Direktfähre auch ab dem Hongkonger Flughafen **Chek Lap Kok** .

In Macau landet man am **Terminal Marítimo** im *Port Exterior*, dem *Outer Harbour*.

Busse in die Innenstadt: 3, 3A, 10, 12, 23, 28C und 32. **Taxis** (mit und ohne Taxameter), **Shuttle-** und **Minibusse** bringen Neuankömmlinge in jeden Winkel und vor jedes Hotel Macaus.

Bank, Post, Telefon

Bank

Meist Mo–Fr 9–16.30/17, Sa 9–12.30 Uhr geöffnet.

Post

Die Hauptpost von *Hongkong* befindet sich auf Hong Kong Island, gleich links neben dem dortigen Star Ferry Terminal. Die Öffnungszeiten sind Mo–Fr 8–18, Sa 9–14 Uhr. Die kleineren Postämter öffnen meist Mo–Fr 9.30–17 Uhr.

Die Hauptpost von *Macau* (Correios), Mo–Fr 8–18, Sa 8–12 Uhr, befindet sich in einem Eckhaus in imposanter Kolonialarchitektur am Largo do Senado.

Telefon

Internationale Vorwahlen:
Hongkong 008 52
Macau 008 53
Von Hongkong nach Macau 00 18 53
Von Macau nach Hongkong 01
Deutschland 001 49
Österreich 001 43
Schweiz 001 41

Kartentelefone (*Card Phones*) sind weit verbreitet. Telefonkarten erhält man in Drugstores und oft auch in Andenkenläden. Von privaten Anschlüssen aus sind Ortsgespräche in der Regel kostenfrei.

Die Nutzung handelsüblicher GSM-**Mobiltelefone** ist in Hongkong und Macau problemlos möglich. Man sollte sich jedoch vor Reiseantritt über das günstigste Netz vor Ort informieren und sein Mobiltelefon entsprechend programmieren.

Einkaufen

›Shop til you drop‹ – Einkaufen bis zum Umfallen, dafür ist vor allem Hongkong, aber auch Macau berühmt, auch wenn die Preise in den letzten Jahren gestiegen sind. Das Angebot ist überwältigend und dank günstiger Importe aus der VR China kann man noch immer manches Schnäppchen machen.

Gern gekauft wird **Kleidung**, vor allem internationale Nobelmarken. **Seide** ist nach wie vor bemerkenswert günstig; in Tsim Sha Tsui bieten meist indische Maßschneider ihre Dienste an. Uhren hingegen sind oft in den Duty-Free-Läden der Flughäfen bzw. in der eigenen Heimat günstiger. Bei **Edelsteinen** und **Schmuck** hat man eine reiche Auswahl an Produkten von guter Qualität zu vergleichsweise günstigen Preisen. Auch **Optische Geräte** und **Elektroartikel** erfreuen sich großer Beliebtheit, doch sollte man, ebenso wie bei **Computerhard-** und **-software**, sich bereits vorher detailliert informieren, welche Waren dem europäischen Standard entsprechen (auf Anschlüsse achten!) und wie viel das Gewünschte zu Hause kostet.

Einen gewissen Verbraucherschutz bietet Touristen das ›Gütesiegel‹ der HKTB, die **rote Dschunke auf weißem Grund**. Geschäfte mit diesem Zeichen sind registriert und werden von den Behörden überwacht, an die man sich auch bei einer Reklamation wenden kann. Diese Läden handeln mit guten Produkten, allerdings nicht zu solchen Billigpreisen, wie man sie oft auf den Straßenmärkten findet.

Preise sind meist Verhandlungssache, auch in regulären Geschäften. Handeln lohnt sich und wird auch dann nicht übel genommen, wenn Festpreise gelten soll-

Pinsel, Tusche und Palette – unverzichtbares Handwerkszeug für eine schöne Schrift

ten. In Hongkong ist fast das ganze Jahr über **Schlussverkauf**, offiziell Mai–Aug. und Nov.–chines. Neujahr im Jan./Febr. Während dieser Zeit gibt es Preisnachlässe von 50, 60, sogar bis zu 80%.

Öffnungszeiten

Die meisten Geschäfte öffnen tgl. 10–19.30/20.30 Uhr, Märkte oft auch länger.

Hongkong

Bekannte **Einkaufsviertel** mit Kaufhäusern, Boutiquen und Geschäftsarkaden sind Nathan Road und Tsim Sha Tsui East auf Kowloon sowie Connaught Road, Des Voeux Road und der Times Square von Causeway Bay auf Hong Kong Island.

Die meisten Geschäfte sind sieben Tage die Woche geöffnet, doch die **Öffnungszeiten** variieren je nach Viertel. Hong Kong Island: Central 10–19 Uhr, Wan Chai und Causeway Bay 10–21.30 Uhr, Kowloon: meist 10–21 Uhr, doch in Tsim Sha Tsui East 10–6 Uhr morgens.

Macau

Im Prinzip gilt dasselbe wie für Hongkong, doch vollzieht sich in Macau alles in etwas kleinerem Maßstab. **Kleidungs-** und **Schmuckgeschäfte** konzentrieren sich in der Innenstadt um den Largo do Senado, die tiefer gelegenen Gassen der Altstadt sind ein wahres Paradies für Liebhaber von **Antiquitäten**.

Antiquitäten

Hongkong

Dragon Culture, 231 und 184 Hollywood Road, Hong Kong Island, Tel. 25 45 80 98. Eine reiche Auswahl an chinesischem Porzellan und Möbeln auf Hongkongs ›Antiquitätenmeile‹.

Wah Tung China, Grand Marine Industry Building, 14–17. St., 3 Yue Fung Street, Aberdeen, Hong Kong Island, Mo–Sa 9.30–18.30, So 11–17 Uhr, Tel. 28 73 22 72. Dependance: 59 Hollywood Road, Hong Kong Island, Mo–Sa 10–19, So 11–18 Uhr, Tel. 25 43 28 23. Reichlich Teppiche, Keramiken, Horn- und Holzschnitzereien.

Macau

Asian Artefacts, 25 Rua dos Negociantes, Coloane, Tel. 88 10 22, tgl. 10–19 Uhr. Schränke, Lederschachteln, Gongs und andere chinesische Antiquitäten.

Ob Ming-Dynastie oder Made in Hongkong kann oft nur der Fachmann entscheiden

Chinesisches

Hongkong

CAC (Chinese Arts & Crafts), Nathan Road 378, Tsim Sha Tsui, Kowloon. Edle Seidenroben, farbenprächtiges Porzellan und andere beliebte Souvenirs.

Chinese Arts & Crafts Ltd., China Resources Building, 26 Harbour Road, Wan Chai, Hong Kong Island, Tel. 28 27 66 67. Fließende Stoffe, filigrane Schnitzereien und kunstvolle Tonwaren direkt aus China füllen die Regale und Auslagen.

Yue Hwa, 301–309 Nathan Road, Kowloon, tgl. 10–22 Uhr, Tel. 23 84 00 84. Dependancen: Park Lane am Kowloon Park, Tel. 27 39 38 88, Ecke Nathan/Mody Road, Tel. 23 68 91 65. Ob Seide, Kochutensilien, Keramikfiguren oder Medizinmixturen, das große Kaufhaus führt ausschließlich Importe aus Mainland China.

Elektroartikel

Hongkong

Hing Lee Co, 25 Lynhurst Terrace, Central, Hong Kong Island. Radios, Walkmen, Recorder aller Markenhersteller.

Sony Handycam, Caroline Centre, 28 Yun Ping Road, Causeway Bay, Hong Kong Island. Alles, aber auch wirklich alles des Markenartikelherstellers.

Schmuck

Hongkong

Favourite Jewellers, Prince's Building, 1. St., 10 Chater Road, Central, Hong Kong

Island, Tel. 25 24 54 11. Nobeljuwelier für betuchte Kunden.

Paras Jaims, Holiday Inn Golden Mile, 50 Nathan Road, Tsim Sha Tsui, Kowloon, Tel. 23 69 95 29. Solider Schmuckhändler in den Arkaden eines großen Hotels.

Schneider

Hongkong

Jimmy Chen, Shop ML5 im Peninsula Hotel, Tsim Sha Tsui, Kowloon, Tel. 25 36 63 33. Einer der bekanntesten und teuersten Vertreter seiner Zunft.

Raja Fashions, 34C Cameron Road, Kowloon, Tel. 23 66 76 24. Herren- und Damenschneider mit großem Atelier.

Sam's Tailor, Burlington Arcade, 94 Nathan Road, Tsim Sha Tsui, Kowloon, Tel. 23 67 94 23. Schneidert für Adlige wie für Geschäftsreisende und Touristen.

Sportartikel

Hongkong

Kung Fu Supplies, Block A, 188–192 Johnston Road, 6. St., Wan Chai, Hong Kong Island, Tel. 28 91 19 12. Auf den Spuren Bruce Lees kann man in dem gut sortierten Fachgeschäft wandeln.

Pro-Dive, 127 Lockhart Road, 2. St., Wan Chai, Hong Kong Island, Tel. 28 90 56 34. Druckmesser, Neoprenanzug oder einfach nur ein neuer Schnorchel gefällig? Hier gibt es alles, was zum Tauchen gehört plus kostenlos gute Tipps.

Straßenmärkte

Hongkong

Bird Market, Yuen Po Street, Mong Kok, Kowloon, tgl. 7–20 Uhr. Singvögel, Grillen und greise Männer unter knorrigen Bäumen lassen das Ambiente des alten Vogelmarktes auch in diesem 1997 eröffneten Markt spürbar werden [Nr. 34].

Goldfish Market, Tung Choi Street, Mong Kok, Kowloon, tgl. 10–18 Uhr. Goldfische symbolisieren Glück und Geld, entsprechend beliebt sind sie.

Jade Market, Ecke Kansu/Reclamation Street, Yau Ma Tei, Kowloon, tgl. 10–15.30 Uhr. Edle und preiswerte Jade, hier gibt es sie in den Farben milchig-weiß bis giftgrün, als Schmuck oder Figur, zur Dekoration oder als Glücksbringer [Nr. 32].

Ladies' Market, Tung Choi Street, Mong Kok, Kowloon, tgl. 12–23 Uhr. T-Shirts, Hosen, Unterwäsche – kaum ein Kleidungsstück, das man hier nicht günstig erstehen kann. In den parallel verlaufenden Straßen *Sai Yeung Choi Street* gibt es Elektrogeräte zu kaufen, in der *Fa Yuen Street* Sportbekleidung und -artikel [Nr. 33].

Night Market, Temple Street, Yau Ma Tei, Kowloon, tgl. 18–24 Uhr. Einheimische und Touristen schieben sich durch das scheinbare Durcheinander von Ständen, Garküchen, Nützlichem und Tand.

Stanley Market, Stanley, Hong Kong Island, tgl. 10–18 Uhr. Bunter Touristenmarkt mit Kunst und Kitsch, Seide und Souvenirs, von jedem etwas und ganz sicher ein Erlebnis [s. S. 47].

Macau

Taipa Weekly Fair, Taipa Village Center, Taipa, So ca. 10–18 Uhr. Gelungene Mischung aus Wochenmarkt und Kunsthandwerksverkauf. 16–17 Uhr finden auf dem zentralen Largo Maia de Magalhães of Tanz- und Musikvorführungen statt.

Taghell erleuchtet sind die beliebten Nachtmärkte in Yau Ma Tei

Höchste kulinarische Ansprüche erfüllt Chefkoch Jacky Chec mit seinen Dim Sum

Kulinarische Herzensangelegenheiten

Eine der Lieblingsbeschäftigungen der Südchinesen ist **Yam Cha** – Tee trinken. Früher ging es dabei tatsächlich um das Kosten vielfältiger Teesorten und -mischungen, heute ist dieser Aspekt in den Hintergrund getreten.

Mittlerweile ist Yam Cha ein Synonym für Essen, denn zum Tee bestellt man **Dim Sum**, wörtlich übersetzt ›Köstlichkeiten für das Herz‹. Jeweils drei bis vier der kleinen warmen oder kalten Appetithappen liegen in hübschen runden Bambusbehältern, die auf Wägelchen zwischen den meist gedrängt stehenden Tischen eines Yam Cha-Saales durchgeschoben werden. Die Gäste können einen Blick auf das schön angerichtete Angebot werfen und ordern dann nach Lust und Laune bzw. nach Geschmack und Experimentierfreude.

Letzteres ist unbedingt nötig, will man die hier bis zur Vollendung entwickelte chinesische Kochkunst auskosten. Denn neben dem westlichen Gaumen vertrauten Dim Sum wie **Chun Guen**, frittierte Frühlingsröllchen, oder **Law Back Koh**, Möhrenkuchen, kann man auch exotischere Küchenkreationen probieren. Häufig findet man z. B. **Char Gow** oder **Cha Siu Bao**, gedämpfte blasse Brötchen aus elastischem Reisteig mit Erbsen-, Shrimp- oder Schweinefleischfüllung. Im ›Auge des weiblichen Phoenix‹ dagegen sind Algen und Haifischflossen verarbeitet, es gibt geschmorten haarigen Flaschenkürbis mit sonnengetrockneten Garnelen und Morcheln, sautierten Frosch mit grünen Bohnen und Gingkowurzeln, Schlangensuppe oder weich gedünsteten Schwamm mit weißem Zucker.

Üblicherweise geht man vormittags zum Dim Sum, das sich nicht selten über mehrere Stunden hinzieht. Jede bestellte Portion – man hat die Auswahl zwischen klein, mittel und groß – wird auf eine Tischkarte eingetragen, anhand derer nach Beendigung der Schlemmerei bei der Kasse am Ausgang der Rechnungsbetrag ermittelt wird.

Eine gute Adresse für Dim Sum in Macau ist beispielsweise **Jade Garden** (35–39 Rua do Dr. Pedro J. Lobo, Tel. 71 02 03, tgl. 7–24 Uhr). In Hongkong empfiehlt sich z. B. ein Besuch des TOP TIPP **Maxim's Palace Chinese Restaurant**, 240 Sheung Wan Street, 2/F, Low Block, tgl. 11–15 und 17.30–23.30 Uhr) im zweiten Stock der City Hall auf Hong Kong Island. Rund 900 Personen fasst der große Speisesaal, doch sonntags ist jeder Platz belegt, sodass Gäste mitunter etwas warten müssen, um in den Genuss etwa der köstlichen Wassernuss-Kastanien zu kommen, der gefüllten Teigbällchen, der süß-sauren Tofustäbchen u. v. m.

Knusprig gebratene Ente kann man in Hongkong an jeder Straßenecke kosten

Essen und Trinken

Alles, was mit dem Rücken zum Himmel zeigt und alles, was im Meer lebt, ist zum Essen bestimmt – nach diesem Grundsatz arbeitet die kantonesische Küche. So werden etwa in Garküchen (*Dai Pai Dong*) Tintenfischspießchen mariniert, es gibt frittierte Gemüsebällchen und in großen Töpfen köchelt Kuhmagen. Neben Schildkröten- gilt auch Schlangensuppe als Delikatesse und mancher Südchinese findet Katzenbraten delikat.

Das kulinarische Angebot in Hongkong und Macau übersteigt die Auswahl in europäischen Chinarestaurants an Einfallsreichtum bei weitem. Doch in der Hauptsache stehen frischer Fisch und Meeresfrüchte auf der Speisekarte, gedünstetes Gemüse und würziges Fleisch. Es sind alle **Kochstile** Chinas vertreten: *kantonesisch*, gekennzeichnet durch schnelles, scharfes Anbraten der Zutaten, die *Pekingküche* verwendet reichlich Gewürze und serviert als Grundlage oft Nudeln statt Reis. *Sezchuan* ist bekannt für würziges Geräuchertes und Gesottenes, in *Chiu Chow* isst man Ente, Gans und Seafood bevorzugt mit süßen Soßen und ein typisches Gericht à la *Shanghai* ist mit Zucker, Sojasoße und Shaoxing-Wein angerichtet. Daneben gibt es in Hongkong und Macau zahlreiche japanische und europäische Restaurants.

In Hongkong und Macau isst man gern und häufig auswärts. Bekannte **Dine Out Bezirke** sind *SoHo* und *Lan Kwai Fong* auf Hong Kong Island mit einer reichen Auswahl an europäischen Speisen. Nördlich davon, in *Causeway Bay*, findet man jede Art von chinesischer Küche, und *Kowloon City* beim alten Flughafen Chek Lap Kok ist für ausgezeichnete thailändische Restaurants bekannt. Einen sehr guten Ruf in Sachen Seafood genießen die Outlying Islands, allen voran *Lamma Island*, sowie die Gegend um *Sai Kung* im Nordosten der New Territories. Im einstigen Fischerdorf *Lei Yue Mun* an Kowloons Westküste wählt man die noch lebenden Fisch-, Hummer- oder Langustenleckerbissen bei den Händlern aus und lässt sie in den Restaurants gleich nebenan frisch zubereiten. In Macau gibt es diese Häufung von Restaurants in bestimmten Vierteln übrigens nicht. Lediglich in der schmalen *Rua da Felicidade* hinter dem Leal Senado finden sich mehrere Esslokale nebeneinander.

Das chinesische **Frühstück** basiert hauptsächlich auf *Congee*, einem Reisbrei, der mit allerlei Zutaten von Obst bis Fisch süß oder salzig aufgepeppt werden kann. Dazu trinkt man Tee und isst Buns, blasse Brötchen aus Klebreisteig. Die meisten Hotels bieten neben asiatischem

Chinesisch essen ist lecker – und je mehr am Tisch sitzen, desto besser

Kulturmix an der Hac Sá-Bucht: portugiesische Gerichte in Fernando's Restaurant

auch europäisches bzw. amerikanisches Frühstück.

Bemerkenswert ist die Vielzahl hervorragender **süßer Teilchen**, die die chinesische Patisserie hervorbringt. Ein Gang in eine der zahlreichen Bäckereien lässt Schleckermäulchens Herz höher schlagen: Sahnebaissers, Cremeschnittchen, Fruchttörtchen und Mürbeteigtaschen – verführerisch zur Selbstbedienung aufgebaut! An jeder Straßenecke werden so genannte **Eggtarts** angeboten, mit Eigelbpudding gefüllte Mürbeteigtörtchen.

Essen ist eine soziale Angelegenheit, kaum sieht man Chinesen allein in einem Restaurant. Üblicherweise bestellt man ein Gericht mehr als Personen am Mahl teilnehmen, und alle Esser probieren von allen Speisen auf dem Tisch.

Man isst mit **Stäbchen**, doch selbst in kleineren Restaurants wird dem westlichen Gast meist Besteck bzw. ein Löffel beigelegt. Fleisch, auch Geflügel, und Fisch werden in der Regel in klein gehackten Stücken, jedoch mit Haut und Knochen serviert.

Die chinesischen **Tischsitten** unterscheiden sich von den europäischen. Es darf sowohl geschmatzt als auch geschlürft werden, und für das abschließende Rülpsen hat jeder Verständnis, ist es doch der Verdauung förderlich. Auf das Tischtuch nimmt man keine besondere Rücksicht, dort werden Essensreste abgelegt, dezent die Finger abgewischt und auch Soßenflecke sind kein Beinbruch.

Auf den Speisekarten von Restaurants ist vermerkt, ob bei den angegebenen Preisen 5% Steuern und Bedienungsaufschlag (meist 10%) bereits enthalten sind. Für aufmerksamen Service oder gutes Essen wird ein zusätzliches **Trinkgeld** erwartet.

Asiatische Küche

Hongkong

Kublai's, 53–59 Kimberley Road, Tsim Sha Tsui, Tel. 27 22 07 33 und 3/F One Capital Place, 18 Luard Road, Wanchai. Vor den Augen der Gäste bereiten die Köche mongolische Gerichte zu (tgl. 12.30–15 und 18.30–23 Uhr).

Robatayaki, Harbour Plaza, 20 Tak Fung Street, Hung Hom, Kowloon, Tel. 29 96 84 38. Das ausgezeichnete, Restaurant zeigt die Vielfalt japanischer Küche auch jenseits von Udang und Sushi. Vorbestellung wird empfohlen (tgl. 12–14 und 18–22.30 Uhr).

Sam Bo Sin, 36 Ng Tsin Long Road, Kowloon City, Tel. 23 82 61 88. Schwerpunkte der hier angebotenen koreanischen Küche sind Grillgerichte, bevorzugt Fisch und Meerestiere, doch es gibt auch feine Ingwer-Hühnersuppe oder würzigen Nudeleintopf.

Sweet Basil Thai Cuisine, 31–33 Kai Tak Road, Kowloon City, Tel. 27 18 10 88. Hervorragende thailändische Gerichte. Die Auswahl zwischen Schwein in Kokosmilch, Krabben mit grüner Currysoße oder scharfem Chilireis fällt schwer.

Macau

Indian Garden Restaurant, Rua de Seng Tou, Block 21, Nova Taipa Gardens, Taipa, Tel. 83 70 88. Das Eckrestaurant entpuppt sich als wahre Offenbarung süd- und nordindischer Küche: Würzige Curries, frisch gebackenes Roti, zartes Tandoori.

Sakura, Estrada de Hac Sá, Coloane, Tel. 87 11 88. Frische japanische Küche von hausgemachten Nudeln bis zu einfallsreich drapierten Fischhäppchen (Mo–Fr 11–14.30 und 18.30–22 Uhr, Sa/So 11–22 Uhr).

Chinesisch

Hongkong

Forum Restaurant, 485 Lockhart Road, Causeway Bay, Hong Kong Island, Tel. 28 91 25 55. Viele der Banker des nahen Financial District wissen die Raffinesse der hier in edlem Interieur servierten Speisen zu schätzen. Entsprechend teuer sind Haifischflossensuppe Ah-Yat oder Vogelnester mit Mandelcreme. Erlesene Weinkarte.

Luk Yu Tea House, 24–25 Stanley Road, Central, Hong Kong Island.
In dem Teehaus im traditionellen Stil serviert man ab dem frühen Morgen überaus vielfältiges Dim Sum.

TOP TIPP **Tsui Hang Village Restaurant**, Miramar Shopping Centre, 132–134 Nathan Road, Tsim Sha Tsui, Kowloon, Tel. 23 76 28 82. Eine kulinarische Reise von Kanton bis in den Norden Chinas: mit ›vegetarischer Gans‹, einem Gemüsegericht, das wie eine Gans angerichtet wird, knusprigem Aal mit Sirup, marinierter Entenzunge, Yunnan Schinken und Karottenbällchen.

East Ocean Seafood Restaurant, 3/F, Harbour Centre, 25 Harbour Road, Wan Chai, Tel. 28 27 88 87. Lieber eine spätere Fähre nehmen und dafür die im südchinesischen Stil zubereiteten Köstlichkeiten wie exklusiven Mandarinfisch (auf Bestellung) in Ruhe genießen.

Macau

Pousada Restaurant, Mong-Há, im Institute of Tourism, Tel. 56 12 52 (Rezeption) und 59 83 07-6 (Restaurant). Ausgezeichnete chinesische und westliche Mittagsküche, gekocht und serviert von den Schülerinnen und Schülern der Hotelfachschule von Macau (Mo–Fr 12–14.30 Uhr). Besonders adrett angerichtet sind die asiatischen Köstlichkeiten beim nur unregelmäßig angebotenen Sonntagsbrunch (11.30–14.30 Uhr).

Seafood

Hongkong

Jumbo Kindom Tai Pak Floating Restaurant, Shum Wan Pier Drive, Wong Chuk Hang, Aberdeen, Hong Kong Island, Tel. 25 53 91 11. Freier Dschunkenzubringer vom Pier aus (neben der Fähre nach Ap Lei Chau). Abends ist der schwimmende Restaurantpalast im Hafen von Aberdeen hell erleuchtet. Als ›Fishermen's Feast‹ werden Köstlichkeiten des Meeres von gekochter Garoupa bis gebackener Seekrabbe geboten.

Sai Kung Fishing Village, 55 See Cheung Street, Lamma Island, Tel. 27 92 74 53. Von der Terrasse des Lokals überblickt man beim Genuss frischer Krabben mit Knoblauch und scharfen grünen Zwiebeln den Blick über die Bucht von Sai Kung.

Treasure Inn Seafood Restaurant, 2/F, Western Market, 323 Des Voeux Road Central, Sheung Wan, Hong Kong Island, Tel. 28 50 77 80. Küchenchef Kent Lee Kin Cheong versteht es, Meerestiere einfallsreich zuzubereiten. Davon kann man sich bei jungen Seewellhornschnecken, Mantisshrimps oder frittierten Krabben überzeugen.

Wan Kee, Sok Kwu Wan (beim Tin Hau-Tempel), Lamma Island, Tel. 29 82 82 79. Eine Spezialität sind z. B. Krabben, nach Art des Hauses mit Hirschgeweihsprossen garniert. Man kann aber auch feine Tintenfischringe, Fischgeschnetzteltes oder gekochte Knoblauchhummer bestellen.

TOP TIPP **Wu Kong Shanghai Restaurant**, Alpha House, 27–33 Nathan Road, Tsim Sha Tsui, Kowloon, Tel. 23 66 72 44. Feine Shanghai-Küche im Kellergeschoss, doch allein schon der angebratene Garoupafisch in süß-saurer Soße ist den ›Abstieg‹ wert.

Western Food / International

Hongkong

Dublin Jack, 37 Cochrane Street, Central, Hong Kong Island, Tel. 25 43 00 81. Ein authentisches Irish Pub mitten in Hongkong, komplett mit rothaarigem Wirt. Erstaunlich große Whiskey- und Zigarrenauswahl (tgl. 12–3 Uhr).

South Sky, Kowloon City Plaza, 4. St., 128 Carpenter Road, Kowloon City, Tel. 27 18 70 99. Das nette Restaurant in einem unscheinbaren Einkaufszentrum bietet u. a. eine reiche Auswahl an Hummergerichten. Und zum Nachtisch vielleicht ein Mandelcremepfannkuchen?

The Open Kitchen, 6/F, Hong Kong Arts Centre, 2 Harbour Road, Wan Chai, Hong Kong Island, Tel. 28 27 29 23. Asiatisch inspirierte, westliche Küche in funktionalem Ambiente, z. B. Spare Ribs, Ochsenschwanzsuppe und überbackene Weinbergschnecken.

Troika, 26–30 Elgin Street, Central, Hong Kong Island, Tel. 28 01 78 39. Feines russisches Restaurant im angesagten Viertel SoHo. In üppigem roten Plüschinterieur speist man Krasniy Borscht, Kotleta Pokievski oder importierten frischen Kaviar.

Macau

TOP TIPP **Fernando's Restaurant**, 9 Praia de Hac Sá, Coloane, Tel. 88 25 31. Das reizende, rustikale Lokal am Strand von Hac Sá ist ein beliebtes Ausflugsziel. Das macanesische Essen ist ausgezeichnet, der Fisch frisch, das Fleisch knusprig, der Wein süffig.

Fresco, Mandarin Oriental Hotel, 956–1110 Avenida da Amizade, Tel. 56 78 88. In dem preisgekrönten Restaurant werden hauptsächlich portugiesisch-mediterrane Speisen serviert, darunter leckere Salatkreationen, Speisen wie Cataplana, ein typisches Gericht von der Algarve, oder Gazpacho (tgl. 7–22.45 Uhr).

Litoral, 261 A Rua do Almirante Sérgio, Tel. 96 78 78. In dem ansprechend renovierten historischen Stadtpalast nahe der Portas do Cerco genießt man vorzügliche macanesische Spezialitäten wie African Chicken oder Feijoada.

O Barril, 14 A Travessa de S. Domingos, Tel. 37 05 33. Das nette Lokal in einer Seitengasse des zentralen Largo do Senado nennt sich Snack Bar, doch die Portionen von Sopa de Nabiças, Rübengrünsuppe, bis Bacalhau, Kabeljau, ersetzen jedes Hauptgericht. Und als Dessert: köstlichen Rabanadas, eine Art Flan (Karamelpudding).

Platão, Block B, Largo do São Domingos, Tel. 33 18 18. Das gutbürgerliche Restaurant im Zentrum Macaus bietet macanesische Küche. Im offenen Patio schmeckt z. B. der Pato de Cabidela, die gekochte Ente, nochmal so gut (Di–So 11–23.30 Uhr).

Gouverneur Chris Patten verließ Hongkong 1997, doch britische Pubkultur blieb

360 Café, Macau Tower, Lago Sai Van, Tel. 9 88 86 60. Während einer 1,5 Std. dauernden Umdrehung des Drehrestaurants kann man in 219 m Höhe asiatisch, macanesisch und europäisch speisen. Einziges Nichtraucherlokal Macaus.

Feste und Feiern

Feiertage

April/Mai (Ostern), 1. Mai (Tag der Arbeit), 28. September (Geburtstag des Konfuzius, auch ›Tag der Lehrer‹, an dem Schülerinnen und Schüler ihren Lehrkräften danken), Mai (Buddhas Geburtstag), 1. Oktober (Nationalfeiertag der Volksrepublik China), 24./25. Dezember (Weihnachten), 1. Januar (Neujahr)

In Macau gelten überdies einige zusätzliche Feiertage, etwa der 13. Mai (Fatimatag), 10. Juni (Tag des Dichters Camões), 24. Juni (Patronatstag Johannes des Täufers), 2. November (Allerseelen), 8. Dezember (Mariä Empfängnis) und 20. Dezember (Jahrestag der Gründung der SAR Macau).

Die meisten der chinesischen Feiertage werden nach dem Mondkalender festgelegt und sind daher beweglich; die genauen Termine für das jeweilige Jahr erfährt man bei HKTB oder MGTO.

Die großen Festtage werden landesweit, also sowohl in Hongkong als auch in Macau, begangen. Daneben werden unzählige lokale Festivitäten gefeiert, von denen einige auch überregional bekannt wurden. Eines ist allen großen Ereignissen gemeinsam: kein chinesisches Fest ohne den größtmöglichen Geräuschpegel und ein gutes Essen.

Feste

Januar/Februar

TOP TIPP **Chun Jie:** Chinesen beginnen das neue Jahr mit einem Tempelbesuch. Ausgelassene Menschenmengen feiern drei Tage lang Straßenfeste und erfreuen sich an fantastischem Feuerwerk, Drachen- und Löwentänzen.

Yuan Xiao Jie: Zwei Wochen nach Neujahr zeigen die Menschen beim Laternenfest den Geistern im Schein von Laternen und mit Feuerwerk den Weg von ihren Wohnungen in die Tempel.

April

Ching Ming Jie: In Tempeln, an Familienschreinen und -gräbern gedenkt man der verstorbenen Ahnen.

Sein Outfit sichert dem kleinen Star reichlich Aufmerksamkeit beim Bun Festival

April/Mai

A Ma Festival: Am Ehrentag der A Ma wird die Statue der Göttin in einer feierlichen Prozession von ihrem Tempel in Macau durch die Menschenmenge auf dem Vorplatz getragen [s. S. 106].

Bun Festival: Populäres Kuchenfest zu Ehren der hungrigen Geister auf der Insel Cheung Chau. Aus der farbenprächtigen Prozession zum Pak Tai ragen sog. ›schwebende Kinder‹ im wahrsten Sinne des Wortes heraus [s. S. 88].

Tin Hau Jie: Prozessionen und Volksfeste entlang der Küsten zum Gedenktag der Meeresgöttin Tin Hau, Schutzpatronin der Fischer und Seeleute.

Mai

Day of Festivals: Gleich drei Feste werden an diesem Tag in Macau begangen: Das dem taoistischen Kindgott geweihte und mit einer feierlichen Prozession begangene *Festival of Tam Kong* ist besonders auf Coloane von Bedeutung. Anlässlich des *Festival of Lord Buddha* werden in den Tempeln die Buddhastatuen gewaschen. Beim *Festival of the Drunken Dragon* zieht eine Prozession vom Kwan Tai Temple nahe dem Inner Harbour zum zentralen Largo do Senado, wo Männer hölzerne Drachenköpfe und -schwänze tragen, Alkohol trinken und wild tanzen. Anschließend wird ein erbauliches Theaterstück aufgeführt und kostenlos Reis verteilt, dem heilkräftige Wirkung zugeschrieben wird.

Juni

TOP TIPP **Dragon Boat Festival (Duan Wu Jie/Tuen Ng):** Die Drachenbootrennen werden jährlich zur Erinnerung an den Gelehrten Chu Yuan (332–296 v. Chr.) abgehalten, der aus Protest gegen die Regierungspolitik seiner Zeit ins Wasser gegangen war. Die bis zu 20 m langen Ruderboote mit den Drachenköpfen am Bug liefern sich spektakuläre Rennen, in Macau zum Beispiel auf den Nam-Van-Seen. Veranstaltungsorte in Hongkong sind neben Cheung Chau z. B. Tai Po, Tuen Mun, die Fahrrinne zwischen Hong Kong Island und Kowloon sowie die Buchten von Stanley und Aberdeen.

Juni/Juli

Gui Yue: Der siebte Mondmonat gilt als Geistermonat, während dem Unheil bringende über- bzw. unterirdische Wesen besonders aktiv sind. Um so wenig An-

Tempelalltag: kein Himmel voller Geigen, aber eine Decke voller Räucherspiralen

griffsfläche wie möglich zu bieten, tätigen Chinesen in dieser Zeit möglichst keine größeren Geschäfte, verzichten auf Reisen, Schwimmen und Feiern.

Qing Ren Jie: Farbe bekennen heißt es beim ›Tag der Verliebten‹, der in den Geistermonat fällt. Zu dieser Gelegenheit tauschen Paare kleine Geschenke aus und suchen die Zweisamkeit.

Juli/August

Yue Lan: Während dieses drei Tage andauernden Festes der hungrigen Geister verlassen unglückliche Seelen die Hölle und streifen auf der Erde umher. Zu ihrer Besänftigung verbrennen die Lebenden Weihrauch und opfern Speisen sowie Toten- bzw. Höllengeld.

August

Guang Fu Jie: Der letzte Montag im August erinnert in Hongkong an das Ende der japanischen Besatzung 1945.

September

Yue Jie: Das Mondfest ist auch als Zhung Qiu Jie (Herbstfest) bekannt. Lieben Menschen schenkt man dazu kleine Kuchen. Ihre sichelförmige oder runde Form erinnert an das Himmelsgestirn, dessen Herr ›Fäden der Ehrlichkeit‹ zwischen den Erdbewohnern ziehen soll. Daher gilt dies auch als guter Termin, um Eheschließungen in die Wege zu leiten.

Klima und Reisezeit

In den Sommermonaten Juni–Sept. steigen die Temperaturen in Hongkong und Macau auf durchschnittlich 30 °C, bei einer Luftfeuchtigkeit von bis zu 90 %. Kühlung bringt eine stetig vom Meer her wehende Brise. Die Herbstmonate Okt.–Dez., wenn die Tage sonnig und warm sind und die Luftfeuchtigkeit relativ niedrig ist, eignen sich hervorragend für eine Reise an das Südchinesische Meer.

Juli/Aug. gelten als sturmgefährdete Monate. Bei **Taifunwarnung** (ab 8 auf einer Skala von 1–10), geht in Hongkong und Macau nichts mehr: Geschäftsleute lassen vor ihren Auslagen Gitter herunter, Fähren stellen den Betrieb ein, Brücken werden gesperrt und die Menschen bleiben wenn möglich zu Hause. Nur Polizei und Feuerwehr haben Hochkonjunktur.

Klimadaten Hongkong

Monat	Luft (°C) min./max.	Wasser (°C)	Sonnen-std./Tag	Regen-tage
Januar	13/18	17	3	4
Februar	13/17	16	2	5
März	16/19	17	3	7
April	19/24	20	4	8
Mai	23/28	25	5	13
Juni	26/29	27	3	18
Juli	26/31	27	7	17
August	26/31	27	8	15
September	25/29	28	5	12
Oktober	23/27	26	6	6
November	18/23	23	5	2
Dezember	15/20	20	5	2

Kultur live

Hongkong

Hervorragende Konzerte bietet das *Hong Kong Philharmonic Orchestra* in der von September bis Juli laufenden Saison. Auch das *Hong Kong Ballet* hat sich internationales Renommee erworben. Große Veranstaltungen finden meist im **Hong Kong Cultural Centre** (Tel. 27 34 20 10) an der Südspitze Kowloons statt, aber auch die **City Hall** (Tel. 29 21 28 40) auf Hong Kong Island ist ein kultureller Treffpunkt.

Kartenbestellung beim **Urban Ticketing System** (URBTIX), Tel. 27 34 90 09, oder an einem von 33 Schaltern im gesamten Stadtgebiet.

Februar

Hong Kong Arts Festival: In den ersten drei Februarwochen finden in ganz Hongkong täglich Theater und Konzerte renommierter Künstler statt.

März/April

Hong Kong International Film Festival: In einer kinobegeisterten Stadt wie Hongkong findet das jährliche Filmfest großen Anklang.

August

International Children's Arts Festival: Drei Wochen lang spielen Zirkusartisten, Akrobaten und andere Luftikusse die erste Geige – jedenfalls für die Kinder.

Macau

In **São Domingos** finden an den Wochenenden oft Kammermusikkonzerte statt; Termine erfährt man durch einen Aushang an der Kirchentür oder über das MGTO. Weitere Kulturveranstaltungsorte das elegante neoklassizistische **Dom Pedro V Teatro** am Largo de São Agostinho sowie das **Macau Cultural Centre** am Outer Harbour.

Mai

Macau Arts Festival: Kulturelle Höhepunkte wie chinesische Oper, Sinfonien, Schauspiel etc.

Museen, Kirchen, Tempel etc.

Hongkong

In vielen städtischen Museen ist am Mittwoch der Eintritt frei.

Das HK Museum of History, HK Science Museum, HK Space Museum, HK Heritage Museum, HK Museum of Coastal Defence und HK Museum of Arts bieten gegen geringes Entgelt einen **Museum Pass** an. Er ist eine Woche, 1/2 oder ein Jahr lang gültig. Mit ihm erhält man freien Eintritt (Sonderausstellungen und Space Theatre Planetarium sind ausgenommen) sowie Vergünstigungen bei Führungen und in den Museumsshops.

University Museum & Art Gallery, University of Hong Kong, 94 Bonham Road, Hong Kong Island, Tel. 22 41 55 00, Mo–Sa 9.30–18, So 13.30–17.30 Uhr. Exquisite Stücke, z. B. nestorianische Kreuze aus der Yuan-Dynastie (1271–1367), und eine schöne Keramiksammlung.

Nachtleben

Hongkong

Die Hongkonger Szene trifft sich in Bars auf Hong Kong Island (Soho, Lan Kwai Fong) und in Kowloon (East Tsim Sha Tsui). Vor allem unter Asiaten sind Karaoke Lounges sehr beliebt.

Bars

Bahama Mama's, 4–5 Knutsford Terrace, Tsim Sha Tsui, Kowloon, Tel. 23 68 21 21. Karibische Bar mit großer Bierauswahl. Die Musik geht in die Beine, doch zum Tanzen ist nur wenig Platz (Mo–Sa 13 Uhr bis frühmorgens, So 17–21 Uhr).

Chinatown, 78–82 Jaffe Road, Wan Chai, Hong Kong Island, Tel. 28 61 35 88. Umgeben von Genossen und Keith-Haring-Männchen genießt hier der große Vorsitzende Mao sein Bier – wenn auch nur an einem knallbunten Wandgemälde.

Coyote, 114–120 Lockhart Road, Wan Chai, Hong Kong Island, Tel. 28 61 22 21. Manche mögen's heiß! Angeheizt vom Hausdrink Margarita (zur Auswahl stehen mehr als 50 Varianten) tanzen Nachtschwärmer in rustikalem Ambiente zu südamerikanischen Rhythmen.

Felix, Peninsula Hotel, 28./29. St., 1 Salisbury Road, Tsim Sha Tsui, Kowloon. Designertraum von Philippe Starck. Bei der fantastischen Aussicht über Victoria Harbour und Ocean Terminal erholen sich die Gäste vom Tanzen in der angegliederten Disco *Crazy Box*.

Hard Rock Café, Silvercord, 30 Canton Road, Tsim Sha Tsui, Kowloon, Tel. 23 75 13 23. Roll on – der Musikmix und die großen Essensportionen sind nicht nur bei Aussis beliebt. Do–Sa ab 22 Uhr legt ein DJ live auf.

Mes Amis, Pottinger Street, Central, Hong Kong Island, Tel. 29 73 61 67. Anheimelndes schnuckeliges Weinlokal unter niederländischer Leitung.

Staunton's, 10–12 Staunton Street, SoHo, Central, Tel. 29 73 66 11. Bekannte und beliebte Wein-Bar und Café auf zwei Etagen, unten zur Straße hin offen.

V 13, 10 Old Bailey Street, Central, Hong Kong Island, Tel. 28 08 13 13. Im stahlkalten Ambiente geht Wodka über alles: 3 Haussorten, 20 Importmarken und mehr als 300 Drinks mit Wodka.

Auf den Hund gekommen – Rennen in Macaus Canodrom

Macau

Die Nächte in Macau verbringt man klassischerweise in einem der zahlreichen **Kasinos**, die meist durchgehend geöffnet sind etwa. Einlass erhalten ausschließlich Personen über 21 Jahre nach Vorlage des Reisepasses (Personalausweis genügt nicht!). Keine Shorts.

Die Bars und Tanzlokale entlang der Av. Dr. Sun Yat-Sen am Porto Exterior haben sich unter dem Namen ›**Docks**‹ zu einem beliebten Treffpunkt und Laufsteg für den spätabendlichen Paseo gemausert.

Sport

Autorennen

Macau Grand Prix: Zwei Tage lang ist die Altstadt von Macau wegen des internationalen Auto- und Motorradrennens für den regulären Verkehr gesperrt (dritte Novemberwoche).

Eislaufen

Ice Rink, 6–8 Praia Luís de Camões, Tel. 95 33 99. Ganzjährig geöffnete Eislaufbahn; tgl. 9–22 Uhr.

Golf

Hongkong

Golf Course Deep Water Bay, Hong Kong Island, Tel. 28 12 70 70. 9-Loch-Platz.

Hong Kong Golf Club, Fan Ling, Sheung Shui, New Territories, Tel. 26 70 12 11. Drei 18-Loch-Plätze.

Jockey Club Kau Sai Chau Public Golf Course, Kau Sai Island (im Nordosten der SAR Hong Kong, erreichbar per Fähre von Sai Kung aus). Zwei 18-Loch-Plätze.

Macau

Macau Golf and Country Club, Estrade de Hac Sa, Coloane, Tel. 87 11 88, www.mgccmacau.com. 18-Loch-Platz. Austragungsort der *Macau Open* (www.asianpgatour. com) mit internationalen Spitzenspielern (Mai).

Hunderennen

Macau

Canidrom, Av. General Castelo Branco, Tel. 33 33 99, www.macaudog.com. Hier veranstaltet der Macau Yat Yuen Canidrome Club (Tel. 22 11 99) Mo, Do, Sa und So ab 20 Uhr die beliebten Hunderennen.

Karting

Macau

Escola de Karting, Coloane. Go-Kart-Bahn mit sieben Bahnen und Flutlichtanlage, tgl. 10–18.30 Uhr.

Reiten

Hongkong

In Hongkong reitet man weniger selbst, man beobachtet vielmehr andere beim Reiten – und wettet darauf. Pferderennen finden während der Saison Sept.–Juni Mi ab 19.30 Uhr in Happy Valley und So in Sha Tin (www.shatinracetrack.com statt.

Hong Kong Royal Jockey Club, Tel. 29 66 83 97, www.hkjockeyclub.com

Macau

Sept.–Juni veranstaltet So und Di (gelegentlich auch Sa) der **Macau Jockey Club**

(Tel. 82 08 68) Pferderennen im Hippodrom auf Taipa.

Schwimmen

Hongkong

An Hongkongs Küste sind zahlreiche **Badestrände** ausgewiesen. Viele westliche Besucher scheuen jedoch angesichts der an einigen Buchten gespannten Hainetze *(Shark Prevention Nets)* und der nicht selten mangelhaften Wasserqualität den Sprung ins Nass. Zum Sonnen und Relaxen eignen sich die Sandstrände aber hervorragen, z. B. entlang der *Gold Coast* im Nordwesten, an den einladenden Buchten Shek O, Deep Water Bay, Repulse Bay, Big Wave Bay und Stanley im Süden von Hong Kong Island sowie auf Cheung Chau und einigen anderen Inseln. Das Environmental Protection Department (EPD) unterhält eine Hotline zur **Wasserqualität**, Tel. 25 11 66 66.

Im Stadtgebiet von Hongkong bieten **Schwimmbäder**, z. B. im Kowloon Park oder im Victoria Park, das ganze Jahr über Erfrischung an heißen Tagen.

Macau

Die dunklen Sandstrände Hac Sá und Cheoc Van auf Coloane sind sauber und einladend. Aber oft ist das Meer aufgewühlt und sandbraun, und auch die Hainetze wirken auf manche Reisende abschreckend, sodass sie den hoteleigenen Swimmingpool bevorzugen.

Tai Chi

Wer sich für Tai Chi interessiert, das viele Chinesen jeden Morgen betreiben, kann sich Di, Fr und So bis spätestens 8.15 Uhr auf der *Garden Plaza* im **Hong Kong Park** zur kostenlosen Probestunde des HKTB einfinden. Anmeldungen werden nicht entgegengenommen. Weitere Informationen unter Tel. 25 08 12 34.

Wandern

Hongkong

Das bergige Hong Kong Island, die waldreichen New Territories, und die vielfältigen Outlying Islands bieten hervorragende Wandergebiete. Je nach Kondition und Zeit hat man die Wahl zwischen Spaziergängen, Märschen oder Touren. Sehr beliebt sind z. B. Abschnitte des 70 km langen **Lantau Trail** [s. S. 80] auf der auch kulturell interessanten Insel, der 50 km umfassende **Hong Kong Trail** [s. S. 45] vom Peak bis zur Big Wave Bay oder die sog. **Coastal Walks** entlang der Küste von Hong Kong Island.

Die meisten Routen sind in der Broschüre *Nature Walk* zusammengefasst, die das HKTB herausgibt. Gegen eine Schutzgebühr erhält man dort auch das empfehlenswerte umfassende Büchlein **Exploring Hong Kong's Country Side**.

Macau

Coloanes grüne Hügel bieten ausgiebig Gelegenheit zum Wandern. Wege-Karten sind im MGTO-Büro in Taipa Village erhältlich. Als Einstieg empfiehlt sich der **Coloane Trail** bei der Bucht Seac Pai Van.

Stadtbesichtigung

Zahlreiche **Veranstalter** in Hongkong und Macau bieten Stadtrundfahrten in englischer, mitunter auch in deutscher Sprache an. Zur Auswahl stehen Innenstadt-Touren durch beide SAR, Besichtigungen der Inseln oder der New Territories, thematische Touren oder Ausflüge nach Mainland China.

Hongkong

American Lloyd Travel Service, Regent Centre, 88 Queen's Road, Hong Kong Island, Tel. 25 23 20 77, Fax 28 68 19 39
Gong Fei Tours, Cheong Hing Building, 5. St., 72 Nathan Road, Tsim Sha Tsui, Kowloon, Tel. 23 68 71 11, Fax 27 21 96 51, gf-travel@hotmail.com

Hong Kong Dolphinwatch,
Tel. 29 84 14 14, Fax 29847799, Mi/Fr/So Bootstouren zu den Pink Dolphins.

Jetway Express Ltd., Jetway House, 1 York Road, Kowloon Tong, Tel. 23 36 69 16, Fax 23 36 68 65, www.jetwayexpress.com

Vacations International/Avis Rent-a-Car, Bright Star Mansion, 93 Leighton Road, Causeway Bay, Hong Kong Island, Tel. 28 90 69 88, Fax 28 95 03 71

Watertours, Star House, 3 Salisbury Road, Tsim Sha Tsui, Kowloon, Tel. 29 26 38 68, Fax 27 35 10 35, www.watertourshk.com

Sehr zu empfehlen sind die Touren der **HKTB**, die mit den *Heritage & Architecture Walks*, der *Come Horse Racing Tour*, dem

Meet the People-Programm oder einem Qigong-Schnupperangebot auch ausgefallenere Fahrten anbietet:

Events and Tours Department, Hotline Tel. 25 08 12 34, Fax 28 07 65 82, www.discoverhongkong.com

Macau

Amigo Travel, Hotel Lisboa (New Wing/ Ala Nova Lobby), Av. da Amizade, Tel. 33 73 33, Fax 37 83 83, amigotvl@macau.ctm.net

Avis, Parkplatz des Mandarin Oriental Hotel, Tel. 367 89, Fax 31 41 12, avismcu@macau.ctm.net. Zweistündige Rundfahrt in einem nett umgebauten neunsitzigen Bus, Start tgl. 11 und 15 Uhr.

Gray Line Tours, 37 Rua do Campo, Tel. 33 66 11, Fax 33 11 55, grayline@macau.web.com

Statistik

Hongkong

Lage: Hongkong (Xianggang) liegt an der Südostküste der Volksrepublik China. Es besteht aus der Halbinsel Kowloon am breiten Mündungsdelta des Perlflusses, dem ausgedehnten Hinterland, den sog. New Territories, aus Hong Kong Island sowie 235 weiteren Inseln im Südchinesischen Meer. Mit dem entlang der Küsten gewonnenen Neuland umfasst Hongkong heute 1102 km^2.

Administration: Die ehem. britische Kronkolonie fiel am 30. Juni 1997 zurück an China und ist seitdem Special Administration Region (SAR) der Volksrepublik. Nach der Devise ›Ein Land, zwei Systeme‹ soll dieser Status der relativen Entscheidungsfreiheit und Unabhängigkeit 50 Jahre lang beibehalten werden.

Bevölkerung: 6,7 Mio. Einwohner, davon 92 % Han-Chinesen. Es gibt zahlenmäßig nennenswerte Minderheiten von Philippinas und Indonesiern. 1,4 Mio. Menschen leben auf Hong Kong Island, 2,1 Mio. in Kowloon, 3,2 Mio. in den New Territories. Die durchschnittliche Bevölkerungsdichte beträgt 6300 Menschen/ km^2 (max. Kwun Tong District/ Kowloon mit 54 620 Menschen/km^2).

Sprache: Offizielle Sprachen sind Chinesisch (Putong-Hoa und Kantonesisch) sowie Englisch, das in allen touristisch relevanten Bereichen gesprochen wird.

Religion: Überwiegend Buddhisten und Taoisten, etwa 8 % Christen, kleinere Gruppen von Muslimen, Hindus, Sikhs und Juden.

Wirtschaft: Victoria Harbour, der geschützte Hafen von Hongkong, legte den Grundstein für den Wohlstand der Stadt. Dazu kamen Fleiß und Geschäftssinn der chinesischen Bevölkerung, die unter wirtschaftsfreundlichen politischen Bedingungen ein sagenhaftes Einkaufsparadies entstehen ließen. Bis heute arbeitet rund ein Drittel der Beschäftigten in den Bereichen Einzel- und Großhandel sowie Hotels und Restaurants. Ansonsten sind 23 % als kommunale und privatwirtschaftliche Dienstleister tätig, 14 % im Finanz- und Versicherungsgewerbe sowie 12 % in den Bereichen Logistik und Kommunikation. Für Produktion und Landwirtschaft wird im ländlichen Hinterland bzw. überwiegend in der VR China gesorgt.

Macau

Lage: Die Halbinsel Macau sowie die zugehörigen Inseln Taipa und Coloane liegen an der Südostküste der VR China und umfassen mit Landgewinnung eine Fläche von 27,5 km^2. Zhujiang, der Perlfluss, und Xijiang, der Westfluss, begrenzen Macau im Osten bzw. Westen.

Administration: Die ehem. portugiesische Kolonie fiel am 20. Dezember 1999 zurück an China und ist seitdem – analog zu Hongkong – Special Administration Region (SAR) der Volksrepublik.

Bevölkerung: Knapp 450 000 Einwohner, davon 95 % Han-Chinesen und 5 % Portugiesen, Inder, Philippinas und Thais.

Sprache: Offizielle Sprachen sind Chinesisch (Putong-Hoa und Kantonesisch) sowie Portugiesisch, das tatsächlich aber nur selten gesprochen wird. Mit Englisch kommen Touristen meist gut über die Runden.

Religion: Mehrheitlich Buddhisten, 7 % Christen (röm.-kath. und evangelisch).

Wirtschaft: Legales Glücksspiel und Tourismus sind die Haupteinnahmequellen Macaus. Daneben bemüht sich der ›Stadtstaat‹ sehr, seine Rolle als Verkehrszentrum und Warenumschlagplatz für den Handel mit Südchina auszubauen, wozu u. a. der Internationale Flughafen sowie der moderne Containerhafen Ka-Ho auf Coloane beitragen.

Unterkunft

Den Übernachtungspreisen in Hongkong sind nach oben hin keine Grenzen gesetzt und Macau steht dem nur wenig nach. Budgetbewusste Reisende tun sich in beiden Städten schwer, eine günstige, saubere Unterkunft zu finden.

Eine gute Möglichkeit, Geld zu sparen, sind Hotelbuchungen über **Reisebüros** vor Ort [Adressen s. S. 129 unter Stadtbesichtigung]. Selbst die kleinen verfügen über Zimmerkontingente und vermitteln sogar in renommierten Hotels Unterkünfte zu bemerkenswert niedrigen Preisen. Ersparnisse bis zu 40 % gegenüber dem Preis an der Rezeption sind üblich.

Hotels sind **nicht klassifiziert**. Auf die Eigeneinschätzung der Hotels (›5-Sterne-Luxus, 3-Sterne-Preis‹) ist nicht immer Verlass.

Luxushotels

Hongkong

TOP TIPP **Harbour Plaza Hong Kong**, 20 Tak Fung Street, Hung Hom, Kowloon, Tel. 26 21 31 88, Fax 26 21 33 11, www.harbour-plaza.com/hphk. Der moderne Hotelturm liegt an der östlichen Waterfront von Kowloon, nahe des Hung Hom Fährterminals. Etwa die Hälfte der 416 Zimmer bieten wundervolle Ausblicke auf Victoria Harbour. Superb ist der Swimmingpool auf dem Flachdach.

Harbour Plaza North Point, 665 King's Road, North Point, Hong Kong, Tel. 21 87 88 88, Fax 21 87 88 99, www.harbour-plaza.com/hpnp. Komforthotel u. a. mit Konferenzräumen, Fitnesscenter und Swimmingpool. Freundliche, helle Ausstattung der 566 geräumigen Zimmer. Östlich des geschäftigen Innenstadtkerns gelegen, daher relativ ruhig und trotzdem verkehrsgünstig. Coffee Shop und Restaurants im Haus.

Peninsula Hotel, 1 Salisbury Road, Tsim Sha Tsui, Kowloon, Tel. 29 20 28 88, Fax 27 22 41 70, www.peninsula.com. Das 1928 eröffnete Traditionshaus mit nunmehr fast 300 Zimmern gilt als Grande Dame der Hongkonger Luxushotels. Zu hohem Anspruch und edler Ausstattung kommt die exquisite Lage gegenüber dem Star Ferry Terminal von Kowloon.

Regal Hong Kong Hotel, 88 Yee Wo Street, Causeway Bay, Hong Kong Island, Tel. 28 90 66 33, Fax 28 81 07 77, www.regalhongkong.com. Schon die Lobby ist ein Traum in Marmor und Kristall, die 425 Zimmer erfüllen die Erwartungen. Attraktiv ist auch die Lage inmitten des Einkaufsviertels. Das Restaurant im obersten, 31. Stock bietet einen hervorragenden Ausblick über Causeway Bay und den Victoria Park.

Macau

Lisboa, 2–4 Avenida de Lisboa, Tel. 37 76 66, Fax 56 71 93, www.hotellisboa.com. Im Erdgeschoss des günstig am Rande der Altstadt gelegen Hotels dominiert das durchgehend geöffnete Kasino, doch die 845 komfortablen Zimmer sind ruhig, der Service ist zuvorkommend. Neben dem Pool lockt ein sehr gut ausgestattetes Fitnesscenter.

Mandarin Oriental, 956–1110 Avenida da Amizade, Tel. 56 78 88, Fax 59 45 89, www.mandarin-oriental.com/macau/. Schon die pompöse Eingangshalle in Gold und Holz stimmt ein auf ein erstklassiges Hotelerlebnis. Ein 15 000 m² großes Waterfront Resort gehört dazu mit Swimmingpool, Tennis- und Squashplätzen, Fitnesscenter sowie luxuriösem Spa- und Thalassobereich. Das Haus verfügt über 407 Zimmer, 28 Suiten, 3 Cafés/Bars und 3 Restaurants.

TOP TIPP **Hyatt Regency Macau**, 2 Estrada Almirante Marques Esparteiro, Taipa, Tel. 83 12 34, Fax 83 01 95, www.macau.hyatt.com. Die Gäste erwartet unaufdringliche Perfektion. Von der freundlichen Ausstattung der 326 geräumigen Zimmer über das vielseitige Sport- und Wellnessangebot bis zum Pool im üppigen Garten stimmt einfach alles, auch die Küche ist exzellent. Kleines Kasino sich in einem Seitenflügel.

Pousada de São Tiago, Avenida da República, Tel. 37 81 11, Fax 55 21 70, www.saotiago.com.mo. Stilvolles Hotel in den Mauern der Fortaleza de São Tiago aus dem 17. Jh. Die 20 mit Antiquitäten eingerichteten Zimmer und Suiten entsprechen modernen Komfortansprüchen. In der kleinen Hauskapelle können Trauungen arrangiert werden.

Westin Resort Hotel, 1918 Estrada de Hac Sá, Coloane, Tel. 87 11 11, Fax 87 11 22, www.westin.com/macau. Dank der pyramidenartigen Architektur des Nobelhotels verfügt jedes der 208 großen Zimmer über einen Balkon mit Aussicht auf den Hac Sá-Strand und das Meer.

An heißen Tagen das einzig Wahre: Badefreuden im Pool des Hyatt Regency Macau

Gehobene Mittelklasse

Hongkong

TOP TIPP **Concourse**, 22 Lai Chi Kok Road, Mongkok, Kowloon, Tel. 23 97 66 83, Fax 23 81 37 68, www.hotelconcourse.com.hk. 430 Zimmer und Suiten mit gutem Preis-Leistungs-Verhältnis im geschäftigen Stadtteil Mong Kok. Coffeeshop und Restaurant im Haus. In der Nähe laden Einkaufsstraßen und Nachtmärkte ein, die chinesische Seite Hongkongs zu erkunden.

Gold Coast Hotel, 1 Castle Peak Road, Castle Peak Bay, New Territories, Tel. 24 52 88 88, Fax 24 40 73 68, www.goldcoasthotel.com.hk. Resorthotel an der 2 km langen ›Goldküste‹ im Nordwesten Hongkongs. Zehn Suiten und 450 großzügige Zimmer mit Blick auf das Südchinesische Meer. Mit Konferenzzentrum und Ballsaal sowie Tennisplätzen, Bogenschießscheiben, Driving Range und Putting Green im Garten.

Miramar, 118–130 Nathan Road, Tsim Sha Tsui, Kowloon, Tel. 23 68 11 11, Fax 23 69 17 88, www.miramarhk.com. Angenehmes Haus unter chinesischer Leitung in hervorragender, zentraler Lage direkt beim Kowloon Park.

Regal Oriental Hotel, 30–38 Sa Po Road, Kowloon City, Tel. 27 18 03 33, Fax 27 18 41 11, www.regaloriental.com. Mit der Schließung des alten Flughafens Kai Tak 1998 kam für das benachbarte Hotel der Gästeschwund. Nach wie vor ein solides Haus mit 390 großzügigen Zimmer und freundlichem Service. Kostenloser Shuttleservice nach Tsim Sha Tsui.

Warwick Hotel, East Bay, Cheung Chau, Tel. 29 81 00 81, Fax 29 81 91 74. Das einzige Hotel der Insel liegt sehr stimmungsvoll am südlichen Ende der Tung Wan Bucht, allerdings ist der sechsstöckige Block architektonisch keine Augenweide. Für die Wochenenden sind die 71 Zimmer meist schon lange vorher ausgebucht.

Macau

Grandeur, 199 Rua de Pequim, Tel. 78 12 33, Fax 78 12 11, www.hotelgrandeur.com. Hotelturm mit 338 Zimmern. Das Drehrestaurant *Rotunda* im obersten, 26. Stock bietet weite Ausblicke über Macau. Im Gesundheitscenter bieten Physiotherapeuten aus Beijing entspannende traditionelle Massagen, daneben gibt es Jacuzzi, Sauna und Dampfbad.

New World Emperor, Rua de Xangai, Tel. 78 18 88, Fax 78 22 87. Zentral gelegenes Hotel mit funktionaler Lobby; aber die 395 Zimmer sind mit komfortabel ausgestattet. Zwei Restaurants im Haus.

Einfache Hotels

Hongkong

Evergreen Hotel, 42–52 Woo Sung Str, Yau Ma Tei, Kowloon, Tel. 27 80 42 22, Fax 23 85 85 84, www.evergreenhotel.com. Einfaches Hotel in geschäftiger Parallelstraße zur Nathan Road. Nicht alle Zimmer mit Fenster. Ausschließlich chinesisches Frühstück, kein Restaurant.

YWCA Building, 38C Bonham Road, Mid-Levels, Hong Kong Island, Tel. 29 15 23 45, Fax 29 15 56 77, http://hotel.ywca.org.hk. 99 kleine saubere günstige Zimmer und Studios in Uninähe.

Macau

Península, 14 Rua das Lorchas, Ponte Cais, Tel. 31 88 99. Das mit 123 Zimmern relativ kleine Hotel belegt die oberen Stockwerke eines Hochhauses am Inner Harbour. Einige Zimmer bieten eine großartige Aussicht über den Hafen.

Sun Wa, 67 Rua de Felicidade, Tel. 57 37 01. Sehr günstige, aber auch sehr schlichte Zimmer, teils ohne Airconditioning. Dafür wohnt man mitten im lebhaften alten Zentrum von Macau.

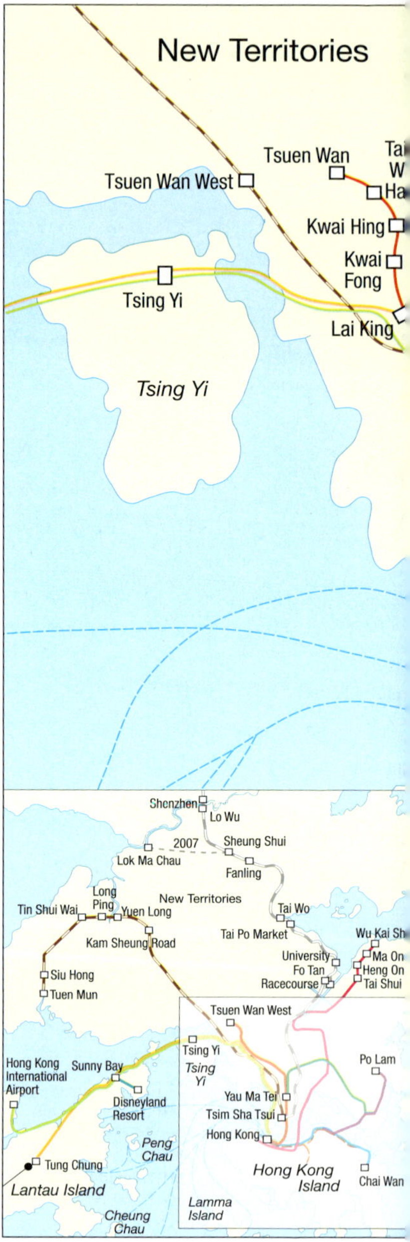

Verkehrsmittel

Hongkong

Bus

Das dichte Netz von Buslinien wird von verschiedenen Gesellschaften unterhalten; die Octopus Card [s. S. 134] wird allgemein akzeptiert, man kann den Fahrpreis aber auch abgezählt in bar beim Fahrer entrichten. Der Standardpreis für die Benutzung eines Busses – egal wie weit man fährt – ist auf einer Tafel vorne beim Fahrer vermerkt. Varianten sind die so genannten **Minibuses** bzw. **Maxicabs**.

Fähre

Auf den meisten Linien gilt die Octopus Card [s. S. 134].

Mehrere Fährlinien, u.a. die berühmte Star Ferry Line, verbinden Tsim Sha Tsui und Hung Hom auf **Kowloon** mit den An- und Ablegestellen North Point, Causeway Bay, Wan Chai, Admiralty und Central auf **Hong Kong Island**. Regelmäßige Fährverbindungen zu den **Outlying Islands**, wie z.B. Cheung Chau, Peng Chau, Lamma und Lantau Island, ab dem Outlying Ferry Terminal, Hong Kong Island.

KCR

Die Züge der **Kowloon Canton Railway** (KCR) verkehren zwischen dem Bahnhof Hung Hom in Kowloon und Sheung Shui

an der Grenze zur VR China sowie zwischen East Tsim Sha Tsui und Tsuen Wan. Außerhalb der Stoßzeiten bieten sie eine angenehme und günstige Möglichkeit, Ziele in den New Territories zu erreichen. Tickets kauft man vor Fahrtantritt an den Fahrscheinautomaten; meist gilt die Octopus Card [s. S. 134].

Mietwagen

Alle großen internationalen Autoverleihfirmen unterhalten Niederlassungen am Flughafen und in der City. Man sollte sich aber gut auskennen und/oder gute Nerven haben, wenn man in dem dichten Verkehr der Innenstädte selbst Auto fahren will.

Fahrzeuge werden gegen Vorlage von Reisepass, Internationalem Führerschein und der Kreditkarte an Personen über 25 Jahre verliehen.

MTR

Effektiv, schnell und günstig befördert Hongkongs U-Bahn, die **Mass Transit Railway** (MTR), täglich 6–1 Uhr mehrere Hunderttausend Passagiere. Die Fahrpreise richten sich nach der Entfernung.

Statt Einzeltickets, lohnt sich schon bei kürzerem Aufenthalt der Kauf einer **Octopus Card**, die man an den MTR-Kundenschaltern in allen Stationen erhält (Info-Tel. 22 66 22 66). Dort wird bei Rückgabe der Karte auch die hinterlegte Kaution sowie ein eventueller Restwert erstattet. Man lädt die leere Karte mit Bargeld oder über Kreditkarte an entsprechenden Automaten auf. Die Lesegeräte registrieren den Kartenchip übrigens auch durch Taschen oder Briefbörsen hindurch.

Es gibt auch einen **Airport Express Tourist Octopus – 3-day Hong Kong Transport Pass** zu kaufen, der drei Tage lang unbegrenzte MTR-Fahrten sowie wahlweise eine Airport-Express-Fahrt oder eine Hin- und Rückfahrt beinhaltet.

Für Personen über 65 Jahre ist die Octopus Card stark ermäßigt, außerdem zahlen Kinder unter 12 und Personen über 65 Jahren in Öffentlichen Verkehrsmitteln nur die Hälfte des normalen Fahrpreises.

Peak Tramway

Garden Road, tgl. 7–24 Uhr im 10/15-Min.-Takt, Zubringerbus (15C) ab Central zur Talstation [s. S. 34]

Taxi

Unzählige Taxis drängt sich durch die verkehrsreichen Straßen Hongkongs, und doch kann es während der Rushhour schwierig sein, eines heranzuwinken. Alle Fahrzeuge verfügen über ein Taxameter. Die Preise richten sich nach den gefahrenen Metern und sind relativ günstig, dazu kommen Aufschläge für übergroßes Gepäck oder Tunnelbenutzung.

Die roten Taxis sind ausschließlich für Hong Kong Island und Kowloon zugelassen, die grünen für die New Territories und die blauen nur für Lantau Island.

Tramway

Von Kennedy Town bzw. Happy Valley bis Shau Kei Wan bzw. North Point fahren auf Hong Kong Island schmale doppelstöckige Straßenbahnen. Sie sind seit 1904 in Betrieb und verkehren tgl. 6–24 Uhr. Das Fahrgeld (pro Fahrt 2 HK-$) wirft man bei Aussteigen abgezählt in die Box beim Fahrer oder entrichtet es einem mitfahrenden Schaffner.

Macau

Bus

In Macau City verkehren zahlreiche Minibuslinien (tgl. 6.45–24 Uhr). Auch zu und zwischen den Inseln (tgl. 6.45–23 Uhr) ist die Verbindung ausgezeichnet. Es gibt keine Tickets, der Fahrpreis ist auf einem Schild beim Fahrer angeschrieben und wird passend in einen Sammelbehälter eingeworfen.

Mietwagen

Wer ein Fahrzeug mieten will, muss Pass und einen Internationalen Führerschein vorlegen, eine Kreditkartenkaution hinterlegen und mind. 21 Jahre alt sein. Das gilt auch für die sog. *Mokes*, kleine offene Geländewagen in knalligen Farben.

Avis, Parkplatz des Mandarin Oriental Hotel, Tel. 367 89, Fax 31 41 12, avismcu@macau.ctm.net

Happy Mokes, Macau Ferry Terminal, Ebene 1, Schalter 1025, Tel. 49 93 93, Fax 72 68 88

Motorradverleih bei:

New Spot Tourism Bike Rental Ltd., Rua de Londres, Zhu Kuan AE R/C Gebäude, Tel. 75 08 80, Fax 75 18 52

Pedicab

Vor dem Hotel Lisboa und dem Ferry Terminal steht meist einige Fahrradrikschas, hier Pedicabs genannt, die Gäste durch die Altstadt von Macau City fahren. Für das Sightseeing gibt es mehr oder minder feste Routen, auf den Guia Hill jedoch wird sich kein Rikschafahrer hinauf mühen. Es empfiehlt sich, den Preis vor Fahrtantritt zu vereinbaren.

Taxi

Taxifahren ist in Macau Taxi sehr günstig. Es gibt schwarze Wagen mit cremefarbenem Dach, die man heranwinkt, und gelbe, die man über Tel. 519 519 bestellt. Die meisten sind mit Taxametern ausgestattet, doch bei längeren Fahrten lohnt es sich, vorher einen festen Preis auszuhandeln. Zuschläge für jedes Gepächstück und für Fahrten nach Coloane.

Sprachführer

Kantonesisch für die Reise

Das Wichtigste in Kürze

Ja / Nein	hai^6/ mm^4-hai^6	是 / 不是
Bitte / Danke	tsäng^2/ mm^4-goi^1	請 / 謝謝
In Ordnung!	hou^2!	好！
Entschuldigung!	döi^3-mm^4-zü^6!	對不住！
Wie bitte?	lei^5 gong^2 ma^1-yiä^5?	你說什麼？
Ich verstehe Sie nicht.	ngo^5 mm^4 mäng^4-ba^6.	我不明白。
Können Sie mir bitte helfen?	lei^5 ho^2-mm^4-ho^2-yi^5 bong^1 ngo^5?	你可不可以幫我？
Das gefällt mir (nicht).	ngo^5(mm^4) dsung^1-yi^3.	我（不）中意。
Wie viel kostet das?	gei^2-do^1 tsin^4?	幾多錢？
Kann ich mit Kreditkarte bezahlen?	ho^2-mm^4-ho^2-yi^5 yung^6 sonn^3-yung^6-ka^1?	我可不可以用信用卡？
Wie viel Uhr ist es?	gei^2 dimm^2-dsung^1?	幾點鍾？
Guten Morgen!	dsou^{2}san^4!	早晨！
Guten Tag!	lei^{5}hou^2!	你好！
Guten Abend!	lei^5 hou^2!	你好！
Gute Nacht!	mann^5 ngon^1!	晚安！
Hallo! / Grüß Dich!	wai^3! / lei^5 hou^2!	喂 / 你好！
Wie ist Ihr Name, bitte?	tsäng^2 mann^6, lei^5 giou^3 ma^1-yiä^5 mäng^4?	請問，你叫什麼名？
Mein Name ist …	ngo^5 giou^3 …	我叫……
Wie geht es Ihnen?	lei^5 hou^2 maa^1?	你好嗎？
Auf Wiedersehen!	dsoi^3 ginn^3!	再見！

Wochentage

Montag	säng^1-kei^4 jä^1	星期一
Dienstag	säng^1-kei^4 yi^6	星期二
Mittwoch	säng^1-kei^4 sam^1	星期三
Donnerstag	säng^1-kei^4 sei^3	星期四
Freitag	säng^1-kei^4 ng^5	星期五
Samstag	säng^1-kei^{4}lu^6	星期六
Sonntag	säng^1-kei^4 ya^6	星期天

Monate

Januar	jä^1-yü^6	一月
Februar	yi^6-yü^6	二月
März	sam^1-yü^6	三月
April	sei^3-yü^6	四月
Mai	ng^5-yü^6	五月
Juni	lu^6-yü^6	六月
Juli	za^1-yü^6	七月
August	ba^3-yü^6	八月
September	gau^2-yü^6	九月
Oktober	sa^6-yü^6	十月
November	sa^6-ja^1-yü^6	十一月
Dezember	sa^6-yi^6-yü^6	十二月

Zahlen

0	läng^4	零
1	jä^1	一
2	yi^6	二
3	sam^1	三
4	sei^3	四
5	ng^5	五
6	lu^6	六
7	za^1	七
8	ba^3	八
9	gau^2	九
10	sa^6	十
11	sa^6-jä^1	十一
12	sa^6-yi^6	十二
13	sa^6-sam^1	十三
14	sa^6-sei^3	十四
15	sa^6-ng^5	十五
16	sa^6-lu^6	十六
17	sa^6-za^1	十七
18	sa^6-ba^3	十八
19	sa^6-gau^2	十九
20	yi^6-sa^6	二十
21	yi^6-sa^6-jä^1	二十一
22	yi^6-sa^6-yi^6	二十二
30	sam^1-sa^6	三十
40	sei^3-sa^6	四十
50	ng^5-sa^6	五十
60	lu^6-sa^6	六十
70	za^1-sa^6	七十
80	ba^3-sa^6	八十
90	gau^2-sa^6	九十
100	jä^1-bag^3	一百
200	yi^6-bag^3	二百
1000	jä^1-tsin^1	一千
2000	löng^5-tsin^1	二千
10-000	jä^1-mann^6	一萬
100-000	sa^6-mann^6	十萬
$^1/_4$	sei^3-fän^6-jä^1	四分一
$^1/_2$	yi^6-fän^6-jä^1	二分一

gestern / heute / morgen	*kamm4-ya6 / gamm1-ya6-/ täng1-ya6*	昨天 / 今天 / 明天
am Vormittag / am Nachmittag	*söng6-ng5 / haa6-ng5*	上午 / 下午
am Abend / in der Nacht	*mann5-ha1 / yä6-mann5-*	晚上 / 夜晚
um 1 Uhr / 2 Uhr …	*ja1 dimm2-dsung1/ löng5dimm2-dsung1…*	一點鍾 / 兩點鍾……
um Viertel vor (nach) …	*tsa1 sam1-go3 dsi6 … dimm2 … dimm2 sam1-go3 dsi6*	差三個字……點 ……點三個字
um … Uhr 30	*… dimm2 bunn3*	……點半
Minute(n) / Stunde(n)	*fän1-dsung1/siu2-si4*	分鍾 / 小時
Tag(e) / Woche(n)	*ya6/ säng1-kei4*	天 / 星期
Monat(e) / Jahr(e)	*yü6 / lin4*	月 / 年

Unterwegs

Nord / Süd / West / Ost	*ba1 / laam4 / sai1 / dung1*	北 / 南 / 西 / 東
oben / unten	*söng6-binn1/ haa6-binn1*	上邊 / 下邊
geöffnet / geschlossen	*hoi1-muun4/ guan1-muun4*	開門 / 關門
geradeaus / links / rechts / zurück	*dsei6-hang4/dsou2-binn1/ yao6-binn1 / dsün2-tao4*	一直走 / 左邊 / 右邊 / 轉頭
nah / weit	*kann6 / yünn5*	近 / 遠
Wie weit ist ...?	*... yao5 gei2 yünn5?*	……有幾遠？
Wo sind die Toiletten?	*binn1-dou6 yao5 tsii3-so2?*	邊度有廁所？
Wo ist die (der) nächste …	*dsöi3-kann6-gä3...hai6 binn1-dou6?*	最近的……在邊度？
Telefonzelle /	*dinn6-wah6-teng4 /*	電話亭 /
Polizei /	*geng2-tsa3-go6- /*	警察局 /
Bank / Post /	*ngan4-hong4 / yao4-go6 /*	郵電 /
Geldautomat?	*dsi6-dung6tsin4-gei1*	自動錢機
Bitte, wo ist …	*tsäng2 mann6 ... hai6 binn1-dou6?*	請問……在邊度？
der Hauptbahnhof /	*fo2-tsä1 -dsung3 -dsamm6 /*	火車總站 /
der Busbahnhof /	*hei3-tsä1 -dsung2 -dsamm6- /*	洗車總站 /
die Bushaltestelle /	*hei3-tsä1 -dsamm6 /*	洗車站 /
dle Tramstation /	*yao5-guai2-dinn6-tsä1 -dsamm6 /*	有軌電車站 /
der Fährhafen /	*ma5 -tou4 /*	碼頭 /
der Flughafen?	*fei1 -gei1 -tsöng4*	飛機場
Wo finde ich …	*binn1 -dou6 yao5 ...*	邊度有……
eine Bäckerei /	*min6 -bau1 -dim3 /*	面包店 /
ein Kaufhaus /	*ba3-fo3 -söng1 -dim3 /*	百貨商店 /
ein Lebensmittelgeschäft /	*si6 -benn2 -dim3 /*	食品店 /
den Markt?	*sii5 -tsöng4?*	市場？
Ist das der Weg / die Straße nach …?	*li1 -tiou4 hai6 hoi3 … gä3 lou6 / … gä3 gai1?*	這條是去……的路 / ……的街？
Ich möchte mit …	*ngo5 söng2 tso6 …*	我想坐……
dem Bus /	*gung1 -gung6 -hei3 -tsä1 /*	公共汽車 /
der Tram /	*yao5 -guai2 -dinn6 -tsä1 /*	有軌電車 /
der Fähre / dem Flugzeug	*sün4 / fei1 -gei1*	船 / 飛機 /
nach … fahren.	*hoi3 …*	去……

Zoll, Polizei

Ich habe etwas (nichts) zu verzollen.	*ngo5 yao5 yä5 (mou5 yä5) yiou3 döng1 -gä3.*	我有東西（沒有東西）要登記。
Ich habe nur persönliche Dinge.	*ngo5 dsi2 -hai6 yao5 dsi6 -gei2 yung6 -gä3 yä5.*	我竟是有 自己用的東西。
Hier ist die Kaufbescheinigung.	*li1 -dsöng1 hai6 fa3 -piu3.*	這張是 發票。
Hier ist mein(e) …	*li1 -go3 hai6 ngo5 -gä3 …*	這個是我的……
Geld / Pass /	*tsin4 / wuu6 -dsiu3 /*	錢 / 護照 /
Personalausweis /	*san1 -fen6 -dsäng3 /*	身份證 /
Kfz-Schein /	*tsä1 -dsäng3 /*	車證 /
Versicherungskarte.	*bou2 -him2 -dsäng3.*	保險證。
Ich fahre nach … und bleibe…Tage/Wochen.	*ngo5 hoi3 … dsü6 … ya6 / säng1-kei4.*	我去…… 住……天 / 星期。
Ich möchte eine Anzeige erstatten.	*ngo5 söng2 bou3 ngon3.*	我想 報案。

Man hat mir … Geld / die Papiere / die Schlüssel gestohlen.	*yao^5 yän^4 tao^1-dsou^2 ngo^5-gä^3… tsin^4 / dsäng^3-gin^6 / so^2-si^4.*	有人偷走我的…… 錢／證件／ 鑰匙
Verständigen Sie bitte das Deutsche Konsulat.	*mm^4-goi^1 tung^1-dsi^1 da^1-go^3 leng^5-si^6-gun^2.*	請你通知 德國領事館。

Bank, Post, Telefon

Ich möchte Geld wechseln.	*ngo^5 söng^2 wun^6-tsin^4.*	我想換錢。
Brauchen Sie meinen Ausweis?	*lei^{5}yiou^3-mm^4-yiou^3 tsa^3 ngo^5-gä^3 dsäng^3-gin^6?*	你要不要查我的 證件？
Wo soll ich unterschreiben?	*ngo^5 yiou^3 hai^6 binn^1-dou^6 tsin^1-mäng^4?*	我要在邊度 簽名？
Ich möchte eine Telefon- verbindung nach …	*ngo^5 söng^2 da^2 go^3 dinn^6-wah^6 hoi^3 …*	我想打個電話 去……
Haben Sie … Telefonkarten / Briefmarken?	*lei^6 yao^5 mou^5 … dinn^6-wah^6-ka^1 / yao^4-piou^3?*	你有沒有…… 電話卡／郵票？

Unfall

Hilfe!	*gao^3-mäng^6-ah^1!*	救命啊！
Achtung! / Vorsicht!	*dsü^3-yi^3! / siu^2-sam^1!*	注意！／小心！
Rufen Sie bitte schnell … einen Krankenwagen / die Polizei / die Feuerwehr.	*mm^4-goi^1 lei^5 fai^3-dim^2 giu^3 … gao^3-wu^6-tsä^1 / geng^2-tsa^3 / fo^2-geng^2-döi^3.*	請你 快點叫…… 救護車／ 警察／ 火警隊。
Es war (nicht) meine Schuld.	*hai^6 (mm^4-hai^6) ngo^5-gä^3 dso^6.*	是（不是）我的 錯。
Geben Sie mir bitte Ihren Namen und Ihre Adresse.	*mm^4-goi^1 bei^2 ngo^5 lei^5-gä^3 mäng^4 tung^4 dei^6-dsi^2.*	請給我 你的名同 地址。

Krankheit

Können Sie mir einen guten Arzt / Zahnarzt empfehlen?	*lei^5 ho^2-mm^4-ho^2-yi^5 gai^3-siu^6 jä^1-go^3 hou^2-ga^3 yi^1-säng^1 / nga^4-yi^1 gei^2 ngo^5?*	你可不可以介紹一個 好的醫生／牙醫給我？
Wo ist die nächste Apotheke?	*dsöi^3-kann^6-gä^3 yöh^6 -fong^4 hai^6 binn^1-dou^6?*	最近的藥房在邊度？
Ich brauche ein Mittel gegen … Durchfall / Halsschmerzen / Fieber / Insektenstiche / Kopfschmerzen / Verstopfung / Zahnschmerzen.	*ngo^5 yiou^3 yi^1 … gä^3 yao^6. oh^1-tou^5 / hao^4-lung^4-tung^3 / fa^3-siu^1 / tsung^4-ngao^5 / tao^4-tung^3 / bin^6-bei^3 / nga^4-tung^3*	我要 醫……的藥。 痾肚／喉嚨疼／ 發燒／蟲咬／ 頭疼／便秘／ 牙疼

Hinweise zur Aussprache

1. Folgende Ausspracheempfehlungen versuchen, die Laute der kantonesischen Sprache so exakt wie möglich im Deutschen nachzubilden. Unterschiede zu offiziellen kantonesischen Lautschriften sind unvermeidlich, da diese vor allem für die englische Sprache konzipiert wurden.
2. ›ng‹ wird wie das deutsche ›ng‹ in ›Hang‹, ›y‹ wird wie ›j‹ in ›ja‹ ausgesprochen.
   Einzelne Vokale am Ende einer Silbe werden kurz ausgesprochen. Konsonanten am Ende einer Silbe, die beim Sprechen ›verschluckt‹ werden, wurden weggelassen, um die Aussprache zu vereinfachen.
3. Das Kantonesische verwendet 6 Töne, die in den folgenden Ausspracheempfehlungen durch hochgestellte Zahlen gekennzeichnet werden. Dabei bedeutet:
   1. Ton (^{1}): gleichmäßiger Verlauf, höhere Tonlage
   2. Ton (^{2}): steigender Verlauf
   3. Ton (^{3}): gleichmäßiger Verlauf, mittlere Tonlage
   4. Ton (^{4}): fallender Verlauf
   5. Ton (^{5}): zuerst fallender, dann ansteigender Verlauf
   6. Ton (^{6}): gleichmäßiger Verlauf, tiefere Tonlage

Im Hotel

Ich habe bei Ihnen ein Zimmer reserviert.	*ngo5 hai2 li1 -dou6 deng6 -dso2 jä1 -go3 fong4.*	我在這裡預定了一個房。
Haben Sie …	*li1 -dou6 yao5 mou5 …*	這裡有沒有……
für eine Nacht /	*dsü6 jä1 maan5 -gä3 /*	住一晚的 /
für eine Woche /	*dsü6 jä1 -go3 säng1 -kei4 -gä3 /*	住一個星期的 /
mit Dusche /	*yao5 fa1 -sa3 -gä3 /*	有花灑的 /
mit Bad /	*yao5 yu6 -gong1 -gä3/*	有浴缸的 /
ein Einzelzimmer /	*dan1 -yän4 fong4 /*	單人房？
ein Doppelzimmer?	*söng1 -yän4 fong4?*	雙人房？
Was kostet das Zimmer mit …	*bau1 … gä3 fong4 yiou3 gei2 -do1 tsin4?*	包……的房要幾多錢？
Frühstück /	*dsou2 -tsan1 /*	早餐 /
Halbpension /	*dsou2 -tsan1 tung4 mann5 -tsan1 /*	早餐同晚餐 /
Vollpension?	*sam1 -tsan1*	三餐
Ich möchte um … Uhr geweckt werden.	*mm4 -goi1 lei5 … dimm2 -dsung1 giu3 -säng2 ngo5.*	請你……點鍾叫醒我。
Ich reise heute Abend / morgen früh ab.	*ngo5 gam1 -mann5 / täng1 -dsiou3 lei4 -hoi1 li1-dou6.*	我今晚 / 明朝離開這里。

Im Restaurant

Wo gibt es ein gutes / günstiges Restaurant?	*binn1 -dou6 yao5 hou2 -gä3 / pin4 -yi4 -gä3 tsan1 -gun2?*	邊度有好的 / 便宜的餐館？
Bitte die …	*mm4 -goi1 gei2 ngo5 …*	請給我……
Speisekarte /	*tsan1 -pai4 /*	餐牌 /
Getränkekarte.	*yam2 -liu6 -pai4.*	飲料牌。
Haben Sie …	*lei5 yao5 mou5 …*	你有沒有……
vegetarische Gerichte?	*dsai1?*	齋？
Die Rechnung, bitte! /	*mm4 -goi1 mai5 dan1 /*	請買單！ /
Bezahlen, bitte!	*mm4 -goi1 mai5 dan1.*	請買單！

Essen und Trinken

Ananas	*bo1 -lo4*	菠蘿
Aubergine	*ngai2 -gua1*	矮瓜
Bambussprossen	*dsu1 -sun2*	竹筍
Banane	*höng1 -dsiu1*	香蕉
Bier	*be1 -dsao2*	啤酒
Brot	*min6 -bau1*	面包
Ente	*nga3*	鴨
Fisch	*yü4*	魚
Fruchtsaft	*go2 -dsa1*	果汁
Gebratene Nudeln	*tsao2 -min6*	炒面
Gebratener Reis	*tsao2 -fan6*	炒飯
Geflügel	*sam1 -liu5*	三鳥
Gemüse	*suo1 -tsoi3*	蔬菜
Glasnudeln	*fen2 -si1*	粉絲
Haifischflossen	*yü4 -tsi3*	魚翅
Huhn	*gai1*	雞
Kaffee	*gaa1 -fei1*	咖啡
Meeresfrüchte	*hoi2 -sin1*	海鮮
Mineralwasser	*kong3 -tsün4 -söi2*	礦泉水
Nachspeisen	*tim4 -benn2*	甜品
Nudeln	*min6*	面
Pilze	*mo4 -gu1*	蘑菇
Reis (weißer)	*fan6 (ba6 fan6)*	（飯）白飯
Rindfleisch	*ngao4 -yu6*	牛肉
Schweinefleisch	*dsü1 -yu6*	豬肉
Suppe	*tong1*	湯
Tee	*tsaa4*	茶
Vorspeisen	*tao4 -pun4*	頭盤
Wein	*pou4 -tou4 -dsao2*	葡萄酒

Register

Impressum

Lektorat und Bildredaktion: Kirsten Winkler
Aktualisierung: Elisabeth Schnurrer
Karten: Astrid Fischer-Leitl, München
Herstellung: Martina Baur
Druck, Bindung: Bosch Druck, Landshut
Printed in Germany

Ansprechpartner für den Anzeigenverkauf:
Kommunalverlag GmbH & Co KG,
MediaCenterMünchen, Tel. 089/92 80 96-44

ISBN 978-3-89905-453-8

Gedruckt auf chlorfrei gebleichtem Papier

Neu bearbeitete Auflage 2007

Bildnachweis

Umschlag-Vorderseite: Moderne Bankentürme dominieren die Skyline Hongkongs im Central District. *Foto: Bildagentur Huber, Garmisch-Partenkirchen (Picture Finders)*

Titelseite
Oben: Hong Kong Convention and Exhibition Centre, überragt vom Central Plaza (Wh. von S. 39 oben)
Mitte: Chinesische Oper – fernöstlicher Kunstgenuss (Wh. von S. 54)
Unten: Murray House – viktorianische Architektur in Stanley (Wh. von S. 49)

AKG, Berlin: 12, 13 (2), 14 (2) – *Direcção dos Serviços de Turismo/Macau Government Tourist Office (MGTO), Macau:* 93, 95, 96, 98, 104, 106, 109 oben, 127 – *Ralf Freyer, Freiburg:* 6/7, 8 Mitte, 8/9 oben, 9 unten, 11 (2), 18 oben, 21 (2), 22, 25, 27, 28, 29, 30, 32, 34 unten, 34/35, 36 oben, 39, 40, 43 unten, 44 (3), 46, 47, 49, 50 oben, 51, 55, 56, 57, 59, 60, 61 (2), 62, 64, 67 links, 69, 70, 72 (2), 76, 81, 82/83, 87, 89 unten, 90 oben, 92, 94 unten, 97, 102, 103 (2), 104, 105, 108, 107, 112 oben rechts, oben links, Mitte und unten rechts, 120 (2), 123 – *Sabina Gaßner, Augsburg:* 7 oben, 99 oben, 100 – *Rainer Hackenberg, Köln:* 6 oben, 10 oben und unten, 54, 65, 73, 74, 75, 84, 85, 88, 116, 117, 118, 124 – *Volkmar E. Janicke, München:* 8 unten, 23, 42, 48, 78, 90 unten – *Laif, Köln:* 112 links unten (Andreas Huber) – *Holger Leue, Haunetal:* 24, 33, 53, 66, 67 rechts, 99unten,101, 109 unten, 111, 119, 121, 125, 131 – *LOOK, München:* 43 oben, 80 (Karl Johaenntges), 86, 89 oben (E. Limberger) – *Mauritius, Mittenwald:* 16/17 (Pigneter), 18 unten rechts (Vidler) – *Photo Press, Stockdorf/München:* 18 unten links, 35 (IBE), 36 unten (Master) – *Ullstein Bild, Berlin:* 15 – *Axel Winkler, München:* 10 Mitte, 50 unten

1 Tag in Hongkong

Nach einem frühmorgendlichen Besuch des **Kowloon Park**, wo man Gruppen von Chinesen sieht, die sich mit Tai Chi-Übungen fit halten,

kann man auf der nahe gelegenen **Nathan Road** einen Einkaufsbummel unternehmen. Kunst bietet das **Hong Kong Museum of Art** mit seiner umfangreichen Sammlung chinesischer Malerei. Vom nahen **Public Pier** mit dem historischen Clock Tower bewundert man die beeindruckende Skyline des gegenüberliegenden Hong Kong Island, bevor man mit einer **Star Ferry** übersetzt.

Dort kann man vom zentralen **Statue Square** aus die umliegenden Bankentürme wie **Hong Kong & Shanghai Bank** und **Bank of China Tower** erkunden, durch die hochkarätigen Geschäfte von Central schlendern oder im **Hong Kong Botanical Garden** das **Flagstaff Tea Ware Museum** besuchen. Die nahe Zahnradbahn erreicht in knapp 10 Min. den **Victoria Peak**, dessen fantastische Aussicht über Hongkong samt Victoria Harbour und Kowloon legendär ist. Zurück in Central hält man sich westwärts, bis man am Rolltreppensystem des **Escalator** ankommt. Für das Abendessen bietet sich eines der Spezialitätenlokale in **SoHo** oder **Tsim Sha Tsui East** an.

1 Wochenende in Hongkong

Freitag: Der Tag ist Hong Kong Island gewidmet. Vormittags erkundet man den Bezirk **Central** mit seinen Einkaufszentren und berühmten Hochhaustürmen, etwa dem *2IFC (International Finance Centre)*, dem höchsten Gebäude Hongkongs. Bei schönem Wetter ist eine Fahrt mit der Zahnradbahn zum **Victoria Peak** unerlässlich, von dem aus man einen hervorragenden Überblick über Stadt und Hafen gewinnt. Anschließend geht es mit dem Bus über *Repulse Bay* und *Deep Water Bay* nach Stanley, wo man nach einem Bummel durch den **Stanley Market** in einem der angrenzenden Restaurants für sein leibli-

ches Wohl sorgen kann. Bei der Rückfahrt kann man beim **Victoria Park** im quirligen Einkaufsviertel Causeway Bay aussteigen. Jedenfalls sollte man den Tag in der umtriebigen Gegend um den **Escalator** ausklingen lassen.

Samstag: Vom **Star Ferry Pier** in Kowloon hat man einen fantastischen Blick auf die Skyline von Hong Kong Island. Hier kann man aber auch mehreren Museen einen Besuch abstatten, z. B. dem sehenswerten Hong Kong Museum of Art. Anschließend bietet sich ein Einkaufsbummel entlang der **Nathan Road** an. Folgt man

der Shoppingmeile nordwärts, kann man einen Abstecher in den **Kowloon Park** machen und im benachbarten **Tin Hau Temple** der Meeresgöttin seine Aufwartung machen. Ein Bummel über den **Jade Market** in Yau Ma Tei oder den **Ladies' Market** in Mong Kok ist ein Muss.

Sonntag: In **Macau** beginnt ein Rundgang am **Largo do Senado**. Durch die auch sonntags geschäftige Fußgängerzone geht es zur barocken Kirche von **São Paulo**, von der allerdings nur noch die berühmte Fassade steht, und dem benachbarten **Museu de Macau**. Beim anschließenden Einkaufsbummel durch die Stadt sollte man den großartigen **Kun Iam Temple** aufsuchen, wahlweise den **A Ma Temple** an der Südwestküste. Der Tag endet mit einem Besuch des größten Spielkasinos Macaus, des **Casino Lisboa** im gleichnamigen Hotel – auch für Nicht-Spieler ein echtes Erlebnis.

ADAC
reisemagazin
Reisen mit Lust und Laune.
BRETAGNE
Rau, aber herzlich
FLORIDA
Sonne, Sand & Sterne
MÜNCHEN
Die bewegte Stadt
ROM
Ewig schön, ewig jung
TOSKANA
Sanfte Hügel, süßes Leben
Die Reisemagazine vom ADAC gibt es für Städte, Länder und Regionen.
Alle zwei Monate neu.
TÜRKEI
Mehr erleben
VIETNAM
LAOS & KAMBODSCHA
Stop-over zwischen den Zeiten
WIEN
Glanzvoller Auftritt
www.adac.de/reisemagazin